BP

Nudos, Amarres y Tejidos, Construcciones

BP

Nudos, Amarres y
Tejidos, Construcciones

Recopilación, redacción y revisión de textos

Ma. Enriqueta Elizondo Hernández
Angeles Fonseca Monterubio
Martha Morales de Hernández
Ma. Teresa Pérez Figueroa
Kathrin A. Schreiber Frese

Diseño de Portadas
Stephanie Krieg Schreiber

ISBN: Tapa Blanda   978-1-4633-0294-8
               Libro Electrónico   978-1-4633-0293-1

**Para pedidos de copias adicionales de este libro,
por favor contacte con:**
Palibrio
1663 Liberty Drive, Suite 200
Bloomington, IN 47403
Llamadas desde los EE.UU. 877.407.5847
Llamadas internacionales +1.812.671.9757
Fax: +1.812.355.1576
ventas@palibrio.com
341835

ÍNDICE

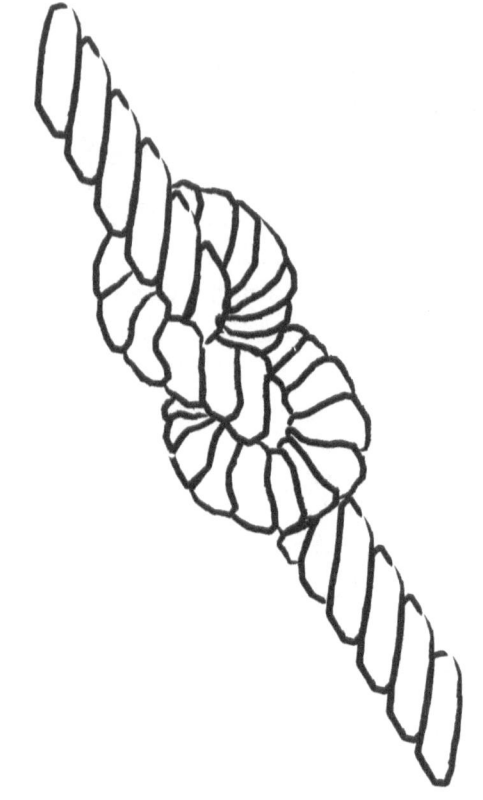

Nudos, Amarres
y Tejidos

CABULLERIA

Cabullería es la habilidad que conseguimos mediante la practica, para utilizar cuerdas y cordeles en diversas actividades, aprendiendo a usar los nudos mas apropiados en cada caso. La palabra Cabullería proviene de "Cabuya" (o Cabulla) un material muy usado hace algunos años, para la confección de cuerdas.

Se requieren algunas características elementales para su práctica. Los nudos deben ser:

- ♣ Fáciles de hacer
- ♣ Fáciles de deshacer
- ♣ Cumplir con su función especifica
- ♣ Ser seguros para dicha función

El manejo de la cuerda la podemos dividir - de acuerdo a su utilización - en dos aspectos:

- ♦ Manipulación de cuerdas para unirlas entre sí, o con otros elementos (nudos).
- ♦ Unión de distintos elementos por medio de cuerdas (amarres).

La cabullería no solo estimula la motricidad fina, sino también es una base para la resolución de problemas, activa la creatividad por medio de lo ya aprendido para utilizarlo como fuente de recreación, como técnica deportiva (escalada) Para realizar lo anteriormente mencionado hay que tener como premisa fundamental la SEGURIDAD.

En el equipo de toda persona que realiza actividades en la naturaleza, debe incluirse una buena cuerda; pero más importante aún, es SABER COMO USARLA.

Para trabajar con técnicas de cabullería, hay que conocer primero el material que se requiere.

CUERDA: La palabra proviene de la voz latina "CHORDA", cuyo significado es "CÁÑAMO", material que era muy usado en la confección de cuerdas.

Recordemos que una soga es básicamente un conjunto de hilos retorcidos formando un solo cuerpo largo y más o menos flexible.

TIPOS DE CUERDA

Las cuerdas pueden ser clasificadas de diversas formas. Veamos algunas:

POR SU MENA (Circunferencia)
Cables o Maromas (Gruesas), Sogas (medianas) y Soguilla (Delgada). Las delgadas llamadas cuerdas, cordeles, cordiños o piolas, hasta llegar a los hilos. Los cordiños (de 5/16" o menores) normalmente son construidos como cuerdas estáticas (ver mas adelante) y son adecuados para la elaboración de nudos abrasivos.

POR SU CONFECCIÓN:
Las cuerdas pueden ser retorcida o trenzada, con forro o sin forro o cintas. De acuerdo a esto, las cuerdas pueden ser más o menos elásticas y se les llama estáticas o dinámicas.

CINTAS: la cinta funciona adecuadamente a tensión, al igual que una cuerda. Su aspecto es como el del forro de una cuerda al que se le ha extraído "el alma". Existen dos clases de cintas: la tubular y la espiral. La cinta tubular lleva una costura longitudinal a todo lo largo de la cinta, lo que le resta gran resistencia. La cinta espiral es mas adecuada para trabajos de montañismo y se reconoce porque no presenta costuras a lo largo.

CUERDAS DINAMICAS Y ESTATICAS

Cuerdas dinámicas: De acuerdo a como son construidas estas cuerdas (y al material), son cuerdas que tienen la capacidad de actuar como un amortiguador para recibir caídas, dada su gran elasticidad. La mayoría de estas cuerdas son fabricadas trenzando las fibras del centro siguiendo un patrón helicoidal. Entre sus propiedades podemos mencionar, aparte de la alta capacidad en absorción de impactos, su maniobrabilidad, resistencia y bajo peso. Sin embargo, resisten menos a la abrasión y no soportan tanta tensión como las cuerdas estáticas.

Cuerdas estáticas: Son aquellas en que su longitud original al tensarla casi no varía, pues como máximo sólo se elastece aproximadamente un 2% bajo cargas normales de trabajo. Su fabricación consta de fibras paralelas (el núcleo de la cuerda) protegidas por una manga o forro tejido. Debido a la forma de construcción del centro, éste no produce torsión sobre la cuerda aún bajo tensión. El forro o manga en la cuerda estática es responsable de una tercera parte de la resistencia total de la cuerda. En el caso de las cuerdas estáticas, la flexibilidad se ve afectada, así como la habilidad para absorber impactos, por lo que ya no se usan en escalada. Sin embargo, posee características especiales que la hacen muy apropiada para actividades de rescate y seguridad.

POR EL MATERIAL DE QUE ESTÁN HECHAS:

Pueden ser naturales o sintéticas:

Fibras naturales: Los materiales mas usados para sogas entre las fibras naturales son: henequén, manilla, algodón y sisal. De estos, el mejor es el henequén, que tiene una buena fuerza de tensión, así como gran resistencia a la abrasión y a agentes atmosféricos como ninguna sintética. Las desventajas que tiene, es muy pesada, especialmente cuando está mojada, no es muy elástica, se pudre muy fácilmente y tiene que ser almacenada muy cuidadosamente.

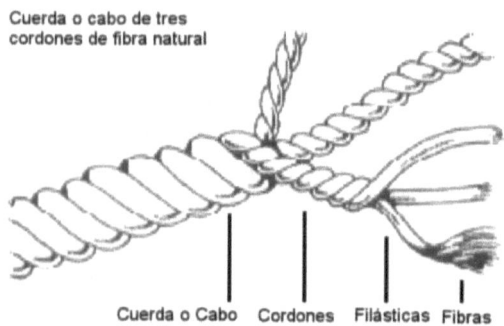

Cuerda o cabo de tres cordones de fibra natural

Cuerda o Cabo · Cordones · Filásticas · Fibras

Fibras sintéticas: Como su nombre lo dice éstas son fibras formadas por el hombre, por derivados de petróleo y carbón. No son absorbentes, no se pudren y tienen punto de fusión muy alto. El proceso de producción permite mejorar su fuerza, elasticidad y fineza. En general, el incremento de fuerza de una cuerda corresponde a la pérdida de su flexibilidad. Mayor fineza es asociada con mayor fuerza y flexibilidad; pero menor resistencia en abrasión. Las fibras más comunes son polipropileno, nylon y poliéster. Recientemente se está usando el Kevlar.

Cuerdas de Kevlar. Su resistencia es igual al acero del mismo grosor. Son poco elásticas, resistentes al calor, pero muy sensibles a la degradación solar. Se usan sobre todo en embarcaciones de lujo.

Cuerdas de poliéster (dracon). Resistentes a la luz solar, a la intemperie, a la tracción y a los productos químicos, aunque son de baja elasticidad.

Cuerdas de polietileno. La más débil de las fibras sintéticas, se utilizan en náutica.

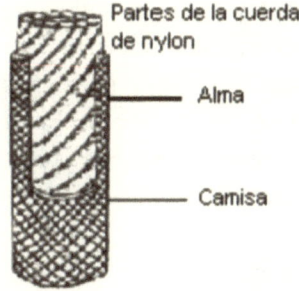

Partes de la cuerda de nylon

Alma

Camisa

Cuerdas de polipropileno. Son resistentes a los agentes atmosféricos, luz e hidrocarburos; ya que es la única cuerda de este género que flota bien, es mas frecuente en usos náuticos.

Cuerdas de nylon (poliamida): Estas fibras ofrecen excelentes características para cuerdas, pues combinan resistencia y elasticidad, permitiéndole absorber fuerzas de impacto más eficientemente que algún otro tipo de material. No se pudre ni flota.

Las cuerdas de nylon actualmente son las más usadas para montañismo, dejándose de lado las fibras naturales por su corta duración y poca resistencia. Las usadas para andinismo están compuestas de una funda exterior llamada camisa, cuya función es proteger el entramado interior llamado alma, que es el que realiza todo el trabajo de resistencia.

Una cuerda para montañismo debe tener una resistencia equivalente a 1200kilogramos-Fuerza (12kN, Kilo Newtons) debido al equivalente de fuerza producido por la caída de un escalador de unos 80Kg en caída extrema.

Cuidado de las cuerdas

Al hacerse un corte en una cuerda se le refuerza la punta con cinta adhesiva, se le procede a hacer un corte parejo y luego se quema la punta ligeramente para que las fibras se fusionen en el extremo, evitando que se deshilache.

Si bien la exposición prolongada al sol las deteriora (son sensibles a los rayos UV) el agua no las daña en absoluto, por lo que pueden lavarse cada vez que sea necesario, pero en este caso no se usarán ni detergentes ni aditivos, ya que son sensibles al ataque químico de los ácidos y disolventes (gasolina, lejía, petróleo, detergentes, etc.). Tratándose de cuerdas nuevas, la mejor forma de lavarlas es introduciéndolas en una bolsa de lavado, dentro de una lavadora con jabón muy suave. Las cuerdas nuevas solo se lavarán después de un uso moderado. En el lavado de las cuerdas muy viejas (cuya vida ya sea muy corta) podría usarse algún detergente, pero recordando el daño que éste les produce.

Deben ponerse a secar estas cuerdas deben ponerse a secar a la sombra y no bajo los rayos solares, pues como ya dijimos, esto las perjudica.

El pisarlas, someterlas a roces, aplastamientos y otro tipo de agresiones físicas, dañan a la cuerda. Las cuerdas pierden mucha resistencia cuando pasan sobre bordes afilados, especialmente si se deslizan sobre ellos. Si es posible, solucionar esto puliendo un poco el borde y cubriéndolo luego con el respectivo protector.
Al guardarla debe revisarse que no tenga nudos y debe almacenarse lejos de la humedad.

Periódicamente, y en especial cuando la cuerda haya sido sometida a un excesivo trabajo, deben revisarse comprobando que:

a) La funda no presente ni cortes ni zonas debilitadas.
b) Al pasar la cuerda entre los dedos, no deben sentirse aplastamientos ni abultamientos, debe sentirse uniforme.
c) Haciendo anillos a lo largo de la cuerda, no deberá plegarse mas fácilmente en un lugar que en otro.
d) Cualquier cuerda que presente un evidente deterioro deberá ser desechada como cuerda de seguridad, pudiendo destinarse a otros usos.
e) El envejecimiento de una cuerda no depende del tiempo, sino del trabajo al que se le haya sometido.

RESISTENCIA DE UNA CUERDA DE NYLON

La resistencia de una cuerda es proporcional al cuadrado de su diámetro, es decir una cuerda de triple diámetro que otra resistirá 3^2 = 9 veces más.

En las cuerdas de nylon, la resistencia es aproximadamente igual al diámetro en mm al cuadrado de la cuerda x 200 (en Newtons), así Resistencia en Newtons = D^2 x 200.

Por ejemplo una cuerda de 3mm de diámetro resistirá 3^2 x 200 =1800newtons, o sea unos 180 Kg.

Elección de las cuerdas:

Elige la cuerda o el cabo de acuerdo con el uso que vas a darle, el material de que está construida y el tipo: tejida, trenzada o torcida.

	NYLON	POLIÉSTER	POLIPROPILENO
Uso general	X		
Escalada	X		
Anclaje	X	X	
Amarres	X	X	X
Aparejos		X	
Remolques	X		X
Pesca	X		

FORMAS DE ENVOLVER LAS SOGAS

En montañismo se usan básicamente tres maneras de envolver la soga: en "S", "a la francesa" y "mandolera". Los usos militares y de rescate nos dan dos métodos más: "la cadena" y "el cabo". Aunque en general para transportarla en la mochila, se puede usar el sistema de "madeja".

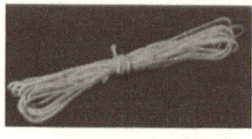

En "S": Se usa principalmente cuando se va a lanzar la soga, ya que por la forma en que se ha envuelto, se desenrolla muy bien. Para envolverla, se pone la soga sobre la mano (con la palma hacia arriba) y se hace una vuelta hacia, digamos, la izquierda y luego otra vuelta hacia la derecha, se regresa y se hace otra vuelta ala izquierda y otra a la derecha y así sucesivamente hasta terminar de envolverla. Se remata con unas vueltas de seguro y uno o dos cotes en el centro de esta "madeja".

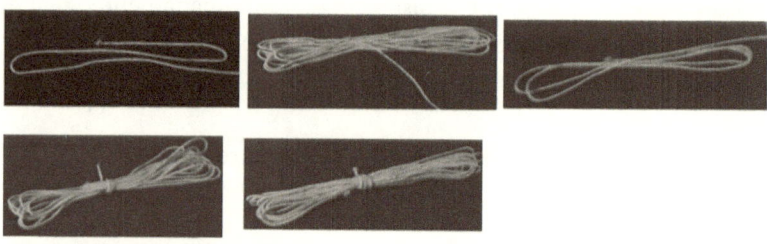

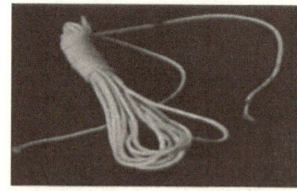

A la francesa: Esta forma se usa básicamente para transportar la soga a modo de mochila. Se toma la soga por el centro y se enrolla a que tenga la longitud aproximada de una mochila, hasta casi terminar de envolver toda la soga. Al final, se remata con unas vueltas de seguro cerca de un extremo y se pasan las dos puntas libres (debe quedar mas o menos un metro y medio libre por cada chicote) por el "ojo" de la madeja, luego los chicotes se pasan como correas de mochila sobre los hombros, se cruzan por detrás de la madeja de la soga y se atan a la cintura por delante.

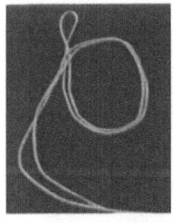 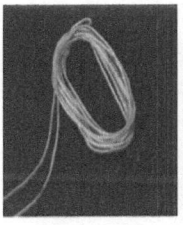 

Mandolera: Es el clásico rollo de soga que cruza de un hombro al extremo de la cadera, pasando por debajo del hombro opuesto. La medida de cada vuelta debe ser, entonces, del tamaño de la persona que lo portará. Una forma de hacer esta madeja lo mejor posible es entre dos: una persona abre los brazos 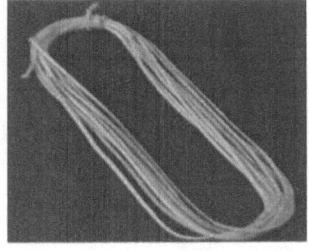 con las palmas con la cara hacia adentro y los dedos juntos excepto el pulgar (que va hacia arriba) y la otra persona usa este "molde" para enrollar la soga.

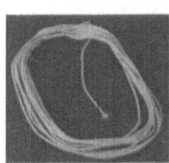 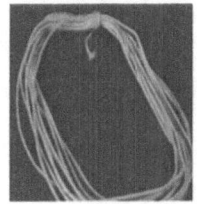

Cadena: Para hacerlo, se usa el decorativo nudo de cadena, formando la soga en 4 o mas dobleces (se dobla por la mitad y luego otra vez por la mitad). Esta forma de enrollar la soga  no es muy práctica para su transporte, pero permite desenrollarla rápidamente al tirarla del extremo de la cadena, por lo que es muy usada por equipos de rescate y sobre todo, por fuerzas tácticas de asalto.

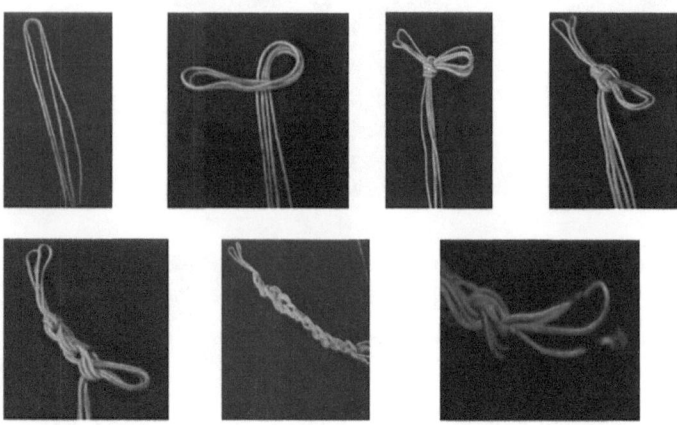

Cabo: Si bien hay quienes enrollan sogas grandes formando un cabo de varias hebras centrales (en realidad una madeja tipo mandolera, pero corta y casi cubierta de las vueltas de aseguramiento) es mas usado 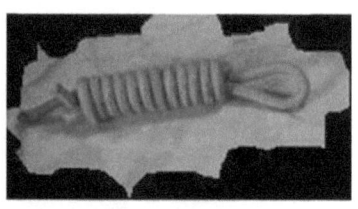 para las sogas personales (usadas para hacer una silla suiza u otro tipo de arnés de soga). Es el clásico nudo que usa el "Boy Scout" o la "Guía" para colgar su piola del cinturón.

Madeja. Es como una Mandolera corta, asegurada por varias vueltas envolventes y asegurado por un par de cotes. Este método es el que generalmente se usa en los comercios para envolver la soga y el que normalmente se usa para transportarla en la mochila

Reforzar la cuerda

Una cuerda que comienza a abrirse, o destejerse, pierde su utilidad. Sobre todo las cuerdas de fibras naturales, que no tienen camisa, son propicias a este tipo de deterioro. Por ello es útil conocer algunas técnicas para frenarlo, que le dan mayor durabilidad a la soga, así como mantienen tu funcionalidad.

Reforzar un cabo

Utilizando una cuerda delgada nos es posible rematar el extremo o cabo de una cuerda para evitar que se deshaga. El refuerzo de cabo tiene la ventaja de ser más resistente que el nudo de ocho, por lo que es recomendable usarlo cuando a la cuerda rematada se le va a dar un uso más rudo.

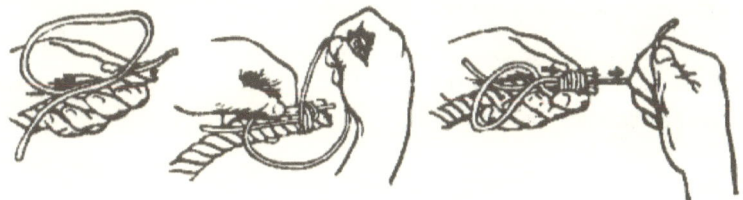

Piña

Es un nudo terminal, útil para rematar cuerdas de tres o cuatro cordones. Se hace una presilla con cada cordón, y se pasa la punta de cada uno por debajo de la presilla adyacente (ver figura). La característica de las piñas es que los cordones salen siempre hacia arriba.

Corona

Al igual que la Piña, también es un nudo terminal. Se hace de la misma manera que el anterior, pero en vez de que los cordones pasen por debajo de las presillas, se pasan por arriba (ver figura).

Remate de cabos

Este nudo es muy similar al Pescador doble. Se gira la cuerda tres o cuatro veces sobre si misma.

Se introduce el extremo a través de la espiral creada y se tensa tirando de ambos cabos.

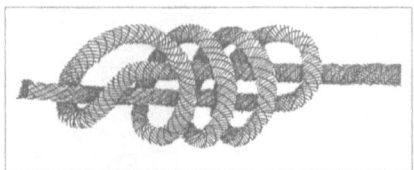

Costura cuadrada o corta

Para unir dos cabos hemos visto ya varios nudos; no obstante, una costura será la solución ideal para mantenerlos unidos permanentemente.

Elaboración: Se descolchan los cabos y se le enfrenta, intercalando los cordones de uno y otro. Para evitar que se deshagan más de lo preciso se hará un falcacedado (colocar una falca o cuña) en cada uno de ellos. Se liga uno de los grupos de cordones sobre el firme del otro cabo para inmovilizarlo, mientras se hace la costura del otro grupo de cordones. Se pasa el primer cordón por encima del primero y por debajo del segundo contiguo a él, en sentido contrario al colchado del cabo. Se pasa el segundo cordón, también en sentido inverso al torsionado, por encima del primer cordón contiguo a él y por debajo del segundo. Se repite la operación en igual forma con el tercer cordón y se acaba la primera pasada. Se dan otras dos o tres pasadas más como mínimo y se tiene terminada la mitad de la costura. Se deshace ahora la ligada del otro juego de cordones y se repite con ellos la operación. Una vez terminada la costura se cortan los cordones que sobresalen y se les ahoga en la costura o se hace un falcaceado en cada uno de ellos. Para redondear la costura, se puede darle vueltas bajo las suelas de los zapatos o golpearla con un mazo.

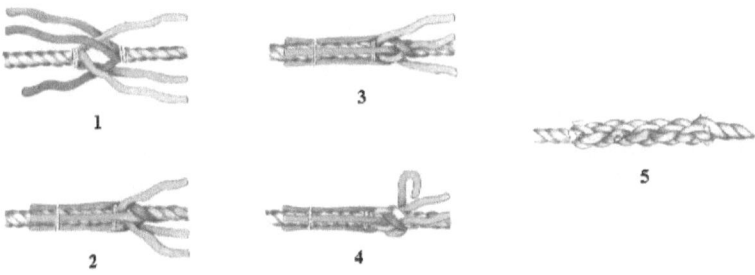

Costura larga

Como la costura cuadrada, sirve para unir dos cabos de mena parecida. Esta costura, cuando está bien hecha, es casi tan resistente como la cuadrada, más flexible y menos gruesa; no obstante, para hacerla es necesario descolchar (quitar el forro o cubierta) mucho cabo. Se le llama "larga" porque queda más larga y estrecha que la "costura cuadrada".

Elaboración: Se enfrentan los dos chicotes de los cabos con los cordones situados alternativamente. Se descolcha uno de los cordones del primer cabo y se colcha en su lugar uno de los cordones del segundo. de la misma forma, se descolcha uno de los cordones del segundo cabo, y sobre él se colcha uno de los cordones del primero. Se anudan ahora los chicotes de los cordones, y, si se desea aumentar la resistencia de la costura, se les colcha sobre el cabo, en sentido inverso al que venían, procurando que el grosor de la costura aumente lo menos posible.

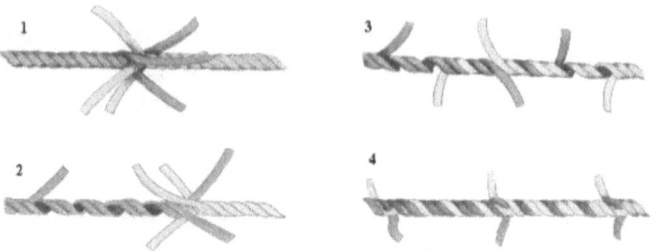

Costura mixta cabo-cable

Igual que se hacen costuras entre cabos, se pueden hacer entre cabos y cables. Se empleará el mismo sistema que para la "costura cuadrada", y se obtendrá una costura bastante resistente, pero que debe estar bien hecha. La "costura mixta" es bastante delicada y suele ser un punto de rotura de una driza (cuerda utilizada para izar velas o banderas), por lo que deberá ser vigilada con asiduidad.

Elaboración: Se descolchan los cordones del cabo y se recortan los chicotes escalonadamente para afinarlos. Luego se descolcha el cable, dejando los cordones exteriores de doble longitud que los interiores. Si el cable tiene alma, se corta. Se empieza la costura siguiendo el método indicado en la "costura cuadrada" con los tres primeros cordones del cable y los del cabo. Se hace una ligada cuando se acabe esta primera costura. Se vuelve a hacer los costura cuadrada, con los cordones del cabo y los tres cordones exteriores del cable. Terminada esta segunda costura, se da una segunda ligada. Se tomarán ahora los chicotes de cable que sobresalen y se les colchará sobre el cabo con ayuda de un punzón sueco. Luego se dará forma a la costura golpeándola con el mazo o haciéndola girar bajo la suela de los zapatos. Cuando los cordones se hayan colchado en toda su longitud sobre el cabo, se les introducirá de forma que las puntas queden dobladas hacia adentro y se forrará la costura con piola, para protegerla.

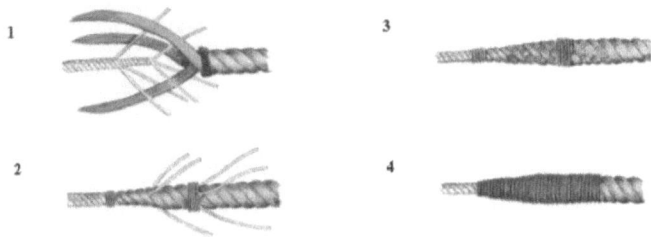

Costura mixta con cabo trenzado

Actualmente, los cabos sin cordones constituyen el 60% de la cabullería de a bordo. Por ello es importante saber hacer este empalme cabo-cable, que, aunque parece difícil, no es ningún problema si se sabe hacer la costura con cabo colchado.

Preparación: antes de empezar, cabullería de a bordo. Por ello, es importante saber se procederá a preparar el cable. Habrá que afinarlo por su extremo, a base de ir cortando escalonadamente los cordones. Luego se rodeará la punta con cinta aislante para que se deslice mejor. El cabo también requiere una cierta preparación: se hará un nudo aproximadamente a 1,5 m. del extremo. Se deja el alma al descubierto, haciendo resbalar la funda hacia el nudo, y, por último, se corta el alma a unos 20 cm.

Elaboración: Se introduce la punta del cable unos 60 cm. en el interior del alma. A unos 40 cm. del extremo del alma se dan unas vueltas con cinta aislante y se destrenza el alma hasta este punto. Se agrupan con cinta las filásticas en tres grupos, formando así tres falsos cordones. Con la ayuda de un punzón sueco se trenzan los cordones del alma sobre los del cable y tomando estos últimos de dos en dos, tal como se ve en el dibujo. En total se darán cuatro pasadas y luego se cortará el sobrante de los cordones del alma, pero sin quemarlos. Se desliza la funda sobre el alma y el cable hasta que recupere su posición original. Se deshace la funda y se agrupan las filásticas (hilos) en tres grupos o cordones, tal como se había hecho con el alma. Se procede a trenzar los cordones de la funda con los del cable. Una vez que se hayan dado dos pasadas, se irá reduciendo el grosor de los cordones de la funda, a base de ir cortando filásticas a cada pasada.

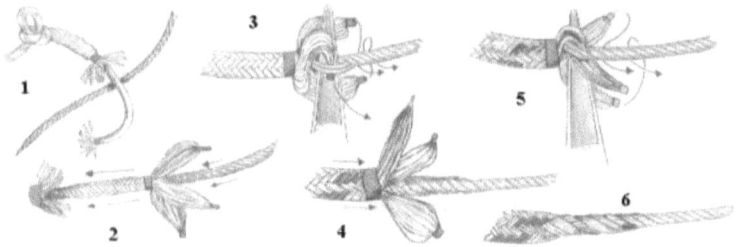

NUDOS

Siempre es bueno conocer las técnicas básicas de nudos y amarres. La vida puede depender de un nudo bien hecho.

¿Que significa la palabra nudo?

La palabra "nudo" viene del latín modus, que significa "unir juntos".

El término según diversos diccionarios, significa unión, lazo, vínculo.

El Diccionario de la Real Academia de la Lengua Española lo define de la siguiente manera:

"Lazo que se estrecha y cierra, de modo que con dificultad se pueda soltar por si solo y que, mientras mas se tira de cualquiera de los cabos, mas se aprieta"

En el rescate urbano se define como la aplicación de una cuerda sobre si misma, o sobre otra, para sujetar, atar y asegurar personas, objetos y materiales.

Un nudo es la unión en una línea, cuerda o trozo de cabo, pudiendo realizarse en el mismo cabo, entre dos líneas, o puede también servir para sujetar cualquier objeto a una línea. Se ejecuta pasando el extremo de trabajo (el chicote) de la línea a través del bucle y tirando del mismo o entrelazándolo con otra línea o líneas. Aprender cómo se ejecuta un nudo limpiamente y conocer el nudo que debe usarse para un propósito determinado, es esencial para la seguridad y la diversión en muchas ocupaciones al aire libre y puede significar también la diferencia entre la vida y la muerte.

Un nudo bien hecho es aquel capaz de resistir cualquier esfuerzo y que, sin embargo, pueda deshacerse con facilidad.

Un nudo mal hecho es aquel que, cuando tiene que resistir a una fuerza que tire de él, se deshace y cuando se trata de deshacerlo, se liga tan fuertemente que no hay manera de desbaratarlo.

Partes de la cuerda

¿Cómo se llaman las partes de la cuerda cuando se está trabajando un nudo?

Para facilitar la explicación de la forma de hacer los nudos, utilizamos algunas palabras y términos, para identificar fácilmente las partes de la cuerda que se está utilizando en cada etapa de la realización de un nudo y nos ayudan a distinguir entre formas similares creadas con una cuerda durante la realización del nudo.

Las partes de una cuerda:

El extremo de una cuerda que se utiliza de forma activa al trabajar el nudo, se conoce como "extremo de trabajo" o "chicote". El resto, la parte estática de la cuerda, se conoce como "firme",

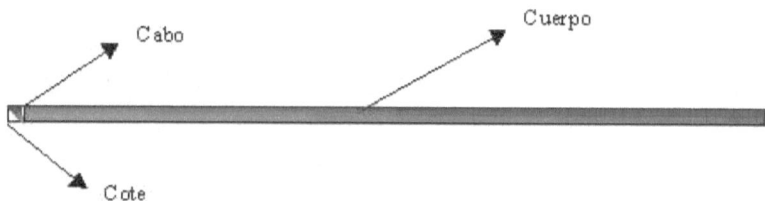

Firme: la parte de la cuerda que está inactiva mientras se trabaja el nudo.

Extremo de trabajo o chicote: es la parte activa de la cuerda que se utiliza mientras se hace el nudo.

Curvas independientes:
Una cuerda doblada sobre sí misma formando una curva recibe el nombre de "bucle". Una "gaza" es un círculo de cuerda en el que esta no se cruza en el cuello del mismo. Una "vuelta cruzada" es un círculo que se hace cruzando una parte de la cuerda sobre otra.

Bucle: la cuerda está plegada sobre sí misma
Gaza: la cuerda forma un círculo sin sobreponerse
Vuelta cruzada: la cuerda se cruza formando un círculo perfecto.

Vueltas alrededor de un objeto:
Cuando una cuerda completa uno o medio círculo alrededor de un objeto o de otra cuerda, forma una "vuelta redonda". Cuando la cuerda pasa alrededor de tan sólo un lado del objeto o de la cuerda, forma una "vuelta". (Una serie de círculos se consideran más bien vueltas múltiples que vueltas redondas)

Tipos de nudos

Existen distintos grupos de nudos, cada uno de los cuales se utiliza para diferentes fines: nudos fijos, nudos deslizantes, bucles, gazas vueltas y uniones, así como nudos de pesca para sujetar líneas finas. Dentro de cada grupo pueden existir diferentes variantes. Lo más importante es seleccionar el nudo adecuado para el trabajo y realizarlo con rapidez y limpieza bajo cualquier condición.

Los nudos, clasificados por su uso, pueden pertenecer a mas de una categoría.

Nudo de tope

Tal como su nombre indica, se utilizan para evitar que los extremos de una cuerda, cabo o línea puedan deslizarse a través de una anilla, bucle o agujero. Se utilizan también para ligar el final de una cuerda y evitar que se deshilache, o también como decoración.

Nudo de empalme

Los empalmes se utilizan para unir dos longitudes de cabos o cuerdas por sus extremos para formar un cabo más largo.

Nudo de gaza

Los nudos ejecutados al final de un cabo, replegándose hacia atrás y formando un anilla o bucle sobre los que se realiza el nudo, son conocidos con el nombre de gazas. Estas gazas son fijas y no se deslizan.

Nudo corredizo

Los nudos corredizos, también conocidos como nudos deslizantes, se aprietan alrededor del objeto sobre el que se han hecho, aflojándose en el momento en que la tensión disminuye.

Acortamientos

Tal como su nombre sugiere, se utilizan para acortar longitudes de cuerdas o cabos, sin necesidad de cortarlos.

Ligadas

Las ligadas son nudos utilizados para asegurar una cuerda a cualquier objeto (tal como un palo, poste, anzuelo, anillo, mástil), o a otra cuerda que no forma parte del nudo actual. Deben ser capaces de mantener y resistir un esfuerzo paralelo sin deslizarse.

Nudos de pesca

Los nudos de pesca se efectúan en línea monofilamento, normalmente muy fina y los anzuelos que se sujetan mediante ellos pueden ser muy pequeños.

Nudos de lazada

Una traílla o correa se coloca normalmente alrededor del cuello o se sujeta al cinturón y sirve para llevar un gran variedad de objetos: desde cuchillos o navajas y silbatos, hasta relojes o anteojos.

Nudo de corbata

La característica común de los nudos de lazo o corbata, llamados con frecuencia nudos de fantasía, es la armoniosa y simétrica forma que se consigue mediante lazos, curvas y coronas. Se utilizan regularmente para dar el "toque final" cuando se hacen paquetes o regalos.

Nudo de botón

Los nudos de botón o nudos de pijama, son exactamente lo que su nombre sugiere—nudos redondos y simétricos utilizados para formar botones para asegurar o abrochar prendas, especialmente de ropa interior y ropa de dormir-. A la vez que son altamente decorativos, son suaves y blandos, más confortables que los botones de plástico o hueso, disponiendo de la ventaja de ser prácticamente irrompibles.

Nudo puño de mono

El puño de mono, es un nudo decorativo que tiene también varios usos prácticos, siendo el más común el de utilizarlo al final de un cabo para darle peso y hacer una línea pesada: la línea que se puede lanzar desde un barco a tierra o a otro barco. Se emplea al extremo de la cuerda para prevenir también el deshilachamiento de ésta.

Nudos trenzados

Los trenzados son uno o más cordones entrelazados y que pueden hacerse con una gran variedad de materiales.

Nudos planos

Los usos más comunes para este tipo de nudos es la confección de esteras o tapetitos, pero pueden utilizarse para proteger cualquier cosa contra el roce o el desgaste. Para hacer alfombritas redondas o portavasos, utilice la "cabeza de turco de tres cordones, cinco vueltas", en su forma plana.

NUDOS, NUDOS
Y MAS NUDOS

Rizo

Nudo rizo cuadrado o plano.

Se le llama así porque se utiliza para atar los "rizos" de las velas. Estos "rizos" son cabos de cuerdas cosidos en filas horizontales a ambos lados de la vela, que se atan cuando el viento es fuerte para evitar que la vela se "vuele". Este nudo se utiliza principalmente para atar dos cuerdas, siempre que éstas estén sujetas a una tensión constante, ya que si esta tensión disminuye el nudo puede aflojarse. Sin embargo, no es una unión demasiado segura cuando se usa con cuerdas de diferente diámetro. Este nudo es generalmente utilizado muchos fines: para atar un vendaje, ya que es un nudo cómodo por ser plano, para atar las agujetas de los zapatos, etc. Cuando vaya a estar sometido a esfuerzos, es necesario realizar nudos de tope en los extremos cortos o ligarlos.

Forma de Hacerse:
1. Se toma el chicote izquierdo y se cruza sobre el chicote derecho, se pasa el chicote izquierdo por debajo del chicote derecho.
2. Se pasa el chicote que ha quedado situado en la parte derecha del nudo por encima y por debajo del chicote de la parte izquierda del nudo.

3. Se tira de los chicotes derecho o izquierdo para apretar el nudo.

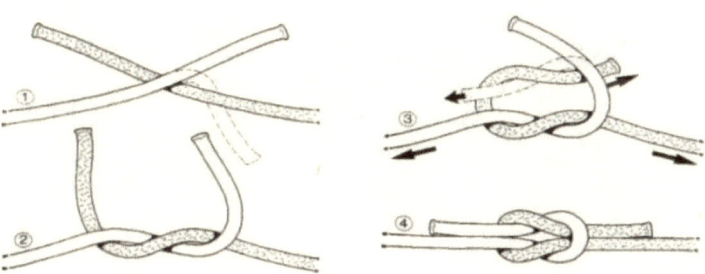

Escota o vuelta de escota

Este nudo debe su nombre al uso que se le daba en los veleros para asegurar las escotas (cabos de cuerdas) a las velas. Es un nudo muy útil para atar dos cuerdas ya que, a diferencia del rizo, no se afloja tan fácilmente. Generalmente se utiliza para atar dos cuerdas de distinto grosor o bien que se encuentren mojadas. Se le puede dar más resistencia al nudo si se le hacen una o más presillas. Su eficiencia disminuye cuanto mas es la diferencia entre el grosor de las cuerdas. Por ser rápido de hacer y deshacer, es uno de los nudos mas utilizados. También es conocido como nudo de tejedor y como nudo de bandera, por su aplicación para sujetar la bandera a la driza.

Forma de hacerse:
1. Se dobla el extremo de un largo de cuerda sobre sí mismo para formar un bucle. Se pasa el chicote de una segunda cuerda hacia arriba a través del bucle.
2. Se pasa el chicote de la segunda cuerda alrededor del extremo corto del bucle y a continuación, por detrás de la primera cuerda.
3. Se coloca el chicote en la parte frontal del nudo, pasándolo por encima del extremo largo del bucle y después por debajo de sí mismo.

4. Para finalizar, se tira del bucle y del firme del segundo largo de cuerda, ajustando el nudo en su sitio.

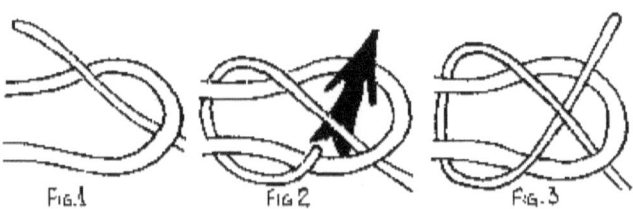

Fig.1   Fig 2   Fig. 3

Pescador

Llamado así por su uso frecuente para unir dos líneas de pesca. Este nudo se utiliza cuando es necesario atar dos cuerdas que estén mojadas o bajo el agua o bien, cuando es necesario que ambas cuerdas se deslicen una sobre otra. Si las cuerdas se van a mantener bajo el agua o sometidas a un gran esfuerzo, es recomendable hacer dobles las vueltas en cada extremo para asegurar mejor el nudo.

También sirve para unir dos cuerdas del mismo diámetro, que no sean muy gruesas.

Para unir dos cuerdas mojadas o resbalosas, sirve de remate de seguridad en cualquier sistema de rescate

Forma de hacerse:
1. Se juntan los chicotes de dos largos de cuerda desde lados opuestos de modo que los largos de cuerda estén paralelos entre sí, uno encima del otro.
2. Se toma el chicote inferior y se realiza un medio nudo alrededor de la cuerda superior. Se aprieta el nudo.
3. Con el chicote superior, se hace un medio nudo alrededor de la cuerda inferior. Se aprieta el nudo.
4. Se tira de cada largo de cuerda, de modo que los dos medios nudos se deslicen el uno hacia el otro y queden uno al lado del otro.

Ballestrinque

Al igual que la vuelta de braza, sirve para sujetar una cuerda a un poste, mástil o a otra cuerda. Generalmente esto se hace cuando la cuerda se somete a una tensión constante, ya que si dicha tensión disminuye, el nudo se puede aflojar. Para hacerlo más seguro, se pueden añadir "dos cotes" en el extremo firme y un "nudo tope" en el chicote. Este nudo es ideal para comenzar y terminar un amarre, amarrar una cuerda a un mástil o tubería y es útil para instalar cuerdas guía. Tambiénse le conoce como "nudo del barquero", lazo de cochinos y cuando se usa para asegurar los soportes de las tiendas: "nudo de clavija".

Forma de hacerse:

1. Pasar un largo de cuerda alrededor de un poste para formar una vuelta, cruzando el chicote de la cuerda sobre su firme.
2. Se vuelve a pasar el chicote alrededor del poste, realizando una segunda vuelta en la misma dirección que la primera.
3. Se mantiene la cuerda paralela a la primera vuelta y se pasa el chicote por debajo de la segunda vuelta. Se tira del chicote y del firme para apretar el nudo.

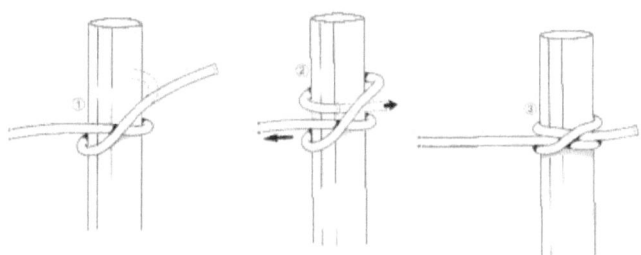

(Segundo Método: si la cuerda no está en tensión mientras se hace el nudo, se puede utilizar un método rápido para hacer el ballestrinque. Este método permite pasar la ligada sobre el extremo de un poste.

Forma de hacerse:

1. Se hacen un par de vueltas cruzadas, la una junto a la otra. El cabo situado encima de cada vuelta tiene que ser el cabo derecho de cada vuelta.
2. Se sujeta cada una de las vueltas con una mano, se desliza la vuelta cruzada derecha de modo que quede colocada encima de la vuelta cruzada izquierda.
3. Se pasan las vueltas cruzadas sobre el extremo de un poste. Se tira de ambos extremos de la cuerda para apretar el nudo alrededor del poste. Se da forma al ballestrinque.

Ballestrinque sobre poste

Este nudo se ejecuta sobreponiendo dos medias vueltas sobre un poste. Es utilizado en náutica para amarrar los botes a los postes o pilares del puente. Lo utilizan también los campistas para atirantar las cuerdas de los vientos.

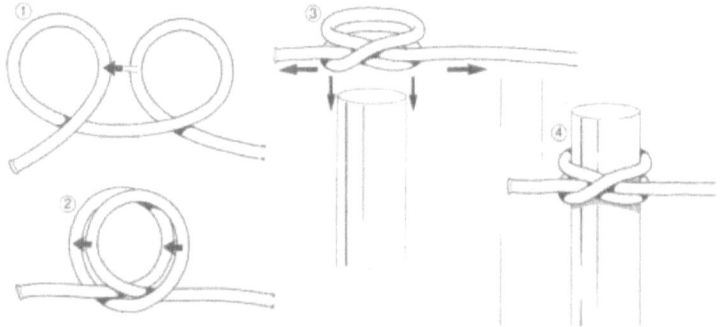

As de guía

Este nudo consiste en una gasa que no se corre; es útil para subir o bajar a una persona o carga, a modo de arnés o mantener unidas a varias personas por medio de una cuerda. Es tal vez el nudo mas conocido y usado, ya que también se utiliza en trabajos de salvamento. El As de Guía tiene la ventaja de que no se afloja fácilmente, no se desliza y no "muerde la cuerda". Sin embargo hay que tomar en cuenta que se puede aflojar si se hace con cuerdas muy rígidas. Existen diversas variantes del nudo.

Forma de hacerse:

1. Pasar un chicote largo de una cuerda sobre el firme, para formar un vuelta cruzada. Sujetar la vuelta cruzada con una mano.

2. Pasar el chicote a través de la cuerda cruzada de atrás hacia adelante. Dejar una gaza grande en el chicote para formar la gaza final del nudo.

3. Se pasa el chicote por detrás del firme.

4. Pasar el chicote hacia arriba a través de la vuelta cruzada, de adelante hacia atrás. Se tira del firme y del chicote doblado para apretar el nudo.

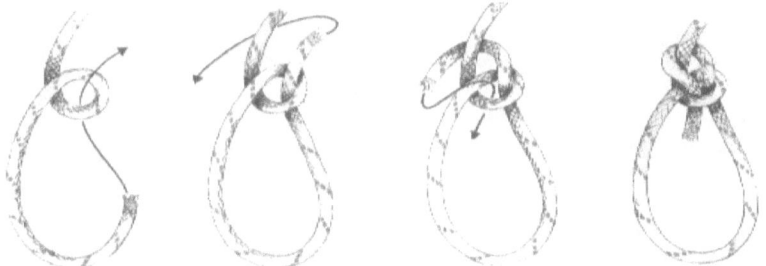

Segunda variante:

Este método resulta útil para hacer el nudo alrededor de la cintura y en las cuerdas sujetas por uno de sus extremos.

Antes de hacer el as de guía con este método, es importante estar seguras de que el firme apunta hacia fuera respecto al cuerpo. Este método también se puede utilizar para asegurar un extremo suelto de cuerda a un largo fijo, usando el largo fijo como firme.

Forma de hacerse:

1. Se descansa el chicote sobre la palma de la mano y se coloca sobre el firme. Se utiliza la mano para deslizar el chicote debajo del firme de modo que la palma queda cara arriba, con los dedos apuntando hacia una.

2. Se gira la mano y el chicote en el sentido de las agujas del reloj para pasar por encima del firme, formando una vuelta cruzada alrededor de la mano y el chicote.

3. Se pasa el chicote por detrás del firme, se introduce hacia abajo a través de la vuelta cruzada de adelante hacia atrás. Se tira del firme y del chicote doblado para apretar el nudo.

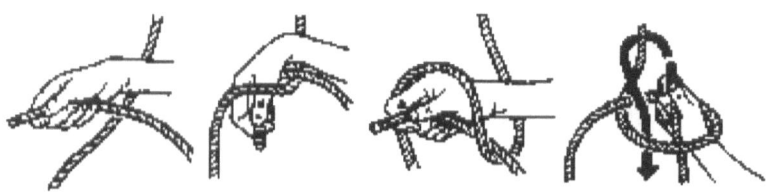

Tercera variante:

As de guía con nudo tope
Se agrega un medio nudo al as de guía, se pasa el chicote alrededor de la gaza y se entrelaza debajo de sí mismo, para una variante más segura del as de guía.

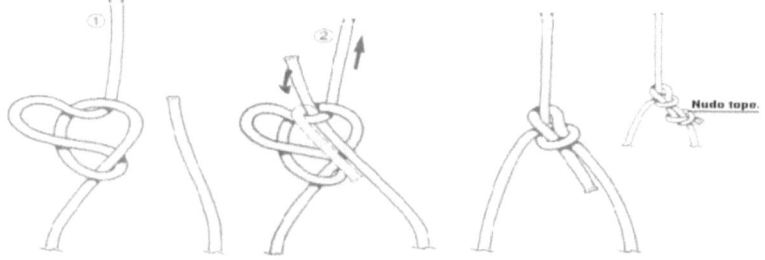

Cuarta variante:

As de guía con dos vueltas
Un as de guía con dos vueltas evita que una línea o cuerda resbaladiza se afloje. Se hace un as de guía normal y se hace una segunda vuelta cruzada sobre la primera en el paso 1.

Margarita

Este nudo es muy útil para acortar la longitud de una cuerda cuando ésta es muy larga y, principalmente, para reforzar una cuerda en un tramo gastado de la misma. Para hacer esto hay que cerciorarse de que la parte gastada de la cuerda se encuentra en la parte central del nudo, es decir, el tramo que pasa entre las dos gasas. Su aplicación en campamentos permite conservar limpias las cuerdas, al evitar que el tramo que "sobra" quede sobre el suelo, o haya que cortarlas.

Forma de hacerse:
1. Se hacen tres vueltas cruzadas, todas en la misma dirección.
2. Se introduce la vuelta cruzada del centro a través de la parte posterior de la vuelta cruzada derecha y de la parte anterior de la vuelta cruzada izquierda.
3. Se tiran las gazas que se acaban de formar y, a continuación, se tira de los firmes, de modo que las vueltas cruzadas exteriores se aprieten alrededor de las gazas. El nudo sólo aguantará si la tensión se aplica sobre los firmes

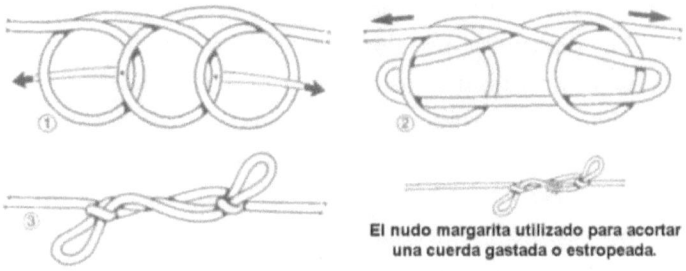

El nudo margarita utilizado para acortar
una cuerda gastada o estropeada.

4. Poner un cazonete (palito que se coloca en el centro de la lazada, para afianzar un nudo)

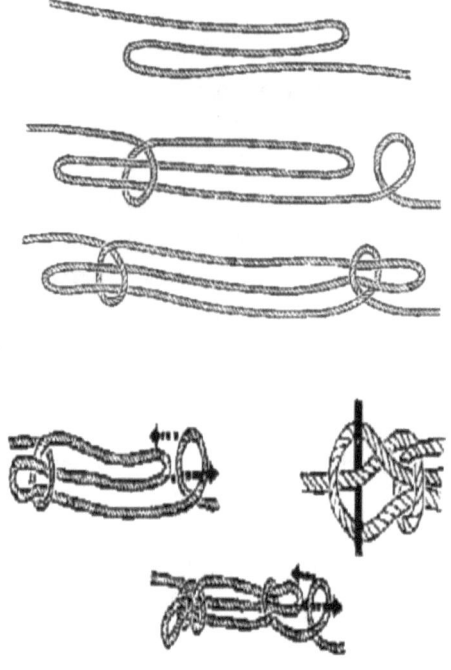

Ocho

Su nombre es evidente, pero también se conoce con los nombres de "Flemish, Savoy o Lasca". Es un nudo sencillo y muy seguro, ya que no se deshace fácilmente. Se emplea para rematar provisionalmente la punta de una cuerda evitando que ésta se deshaga. Es un nudo muy fácil de deshacer, especialmente si se ha sometido a un esfuerzo grande. Se puede utilizar para evitar que una cuerda se deslice a través de un agujero y como nudo tope. Su forma recuerda el numero 8.

Forma de hacerse:
1. Se hace una vuelta cruzada, colocando el chicote de la cuerda sobre el firme. A continuación se coloca el chicote por detrás del firme.

2. Se coloca el chicote en la parte anterior del nudo y se pasa a través de la vuelta cruzada. Se aprieta.

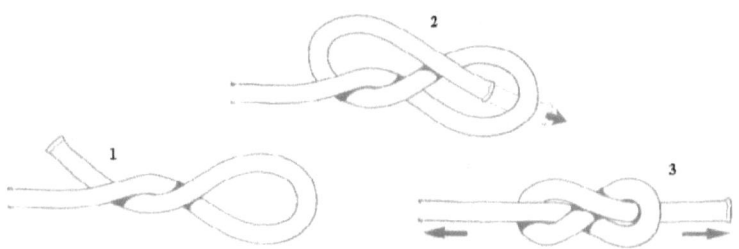

Ocho doble:

Uno de los nudos mas utilizados en escalada, como el "top rock" y como nudo de anclaje.

Se realiza con la soga doble, dando vuelta por atrás y luego por adelante (fig1) e introduciéndola en el cote formado por la misma soga.

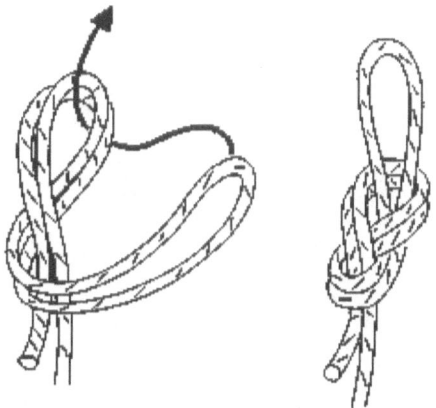

Leñador o vuelta de braza

Es una forma muy práctica de hacer, de forma rápida, firme un cabo. Se suele usar para arrastrar brazadas de leña fina.

Se comienza pasando el cabo alrededor del objeto y después por encima o por debajo del seno que abraza

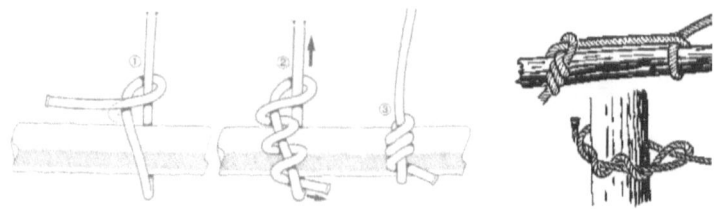

Ajuste simple

Sirve para unir dos cuerdas del mismo o diferente grosor, proporciona mayor firmeza que el Vuelta de escota.

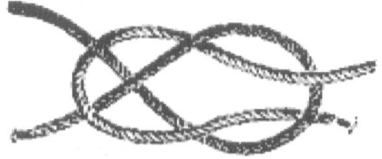

Cote

El cote es un nudo sencillo para atar una cuerda a un mástil o poste.

Cote doble

Nudo que no se deshace fácilmente al estar en tensión. Se puede utilizar para atar a un poste cuerdas que están sometidas a tensión constante (por ejemplo, la cuerda que sujeta a un toldo o tienda de campaña).

Presilla de alondra

Permite unir una cuerda a un poste o a una argolla. Es un nudo fácil de hacer y deshacer, es resistente a la tensión. Se puede utilizar para colgar pesos de ramas de árboles o para arrastrar troncos por medio de cuerdas. El cazonete permite hacerlo rápidamente.

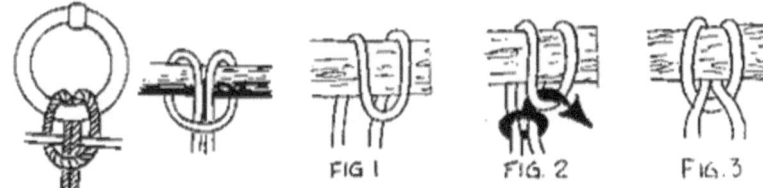

FIG I FIG. 2 FIG. 3

Silla de bombero

Este nudo sirve para elaborar una "silla" con dos gazas. Útil par subir o bajar a una persona "sentada", de manera más cómoda que con una sola gaza. También sirve para usar una escalera de mano como andamio, asegurándolo con un ballestrinque .

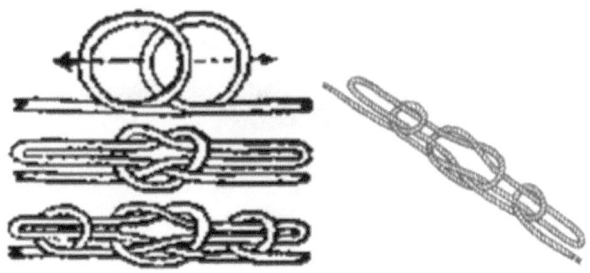

Ballestrinque doble

Es un ballestrinque con una vuelta más, con la cual se evita un mayor deslizamiento por tirones laterales. Se aplica también para atar cuerdas sujetas a tensión constante.

Vuelta de pescador

Es un nudo resistente, utilizado para atar una cuerda a una argolla o a una percha, o bien para atar una cubeta que se va a sumergir en agua o se va a levantar. Tiene gran resistencia a la tracción y desliza o azoca (aprieta el nudo). Se hace de manera similar al cote doble, pero una de las vueltas que se da a la cuerda sobre la argolla o el mango de la cubeta se pasan a través de uno de los cotes.

Vuelta de escota corredizo

Este nudo es una variante del Vuelta de Escota que nos permite unir dos cuerdas de distinto grosor. Tiene una gaza corrediza que nos permite deshacerlo fácilmente con un tirón de la punta del extremo de la gaza.

Arnés de hombre

Este nudo es útil para hacer una gaza que no se deslice a la mitad de una cuerda de remolque, de modo que una persona pase dicha gaza a través de su hombro (a modo de arnés) y le permita remolcar objetos más fácilmente. También se puede utilizar para hacer peldaños y agarraderas en una cuerda para trepar. Se considera como el mejor de los nudos para escaladores de montaña. No se corre ni desliza, no se azoca (aprieta el nudo) en la tensión y no pierde su forma.

As de guía corredizo

El as de guía corredizo es útil para hacer una gaza ajustable que se puede usar como lazo. Se hace del mismo modo que un As de Guía simple, sólo que el extremo largo de la cuerda se pasa a través de la gasa fija.

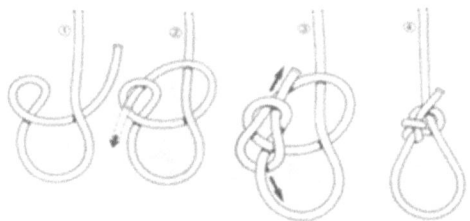

Nudo de andamio

Éste es quizá el mejor método para hacer un andamio. Se le dan 2 vueltas y media al tablón con la cuerda (ver figuras); se coloca la parte 1 de la cuerda entre las partes 2 y 3. Posteriormente se pasa la parte 2 de la cuerda encima de la 1 y la 3 y por debajo del tablón. Finalmente, se llevan las puntas de la cuerda hacia arriba y se atan con un As de Guía.

Las eslingas de este nudo son idóneas para levantar troncos o tablones utilizando cuerdas, de manera que nos permitan hacer andamios para subir o bajar materiales e incluso personas. Una manera muy sencilla para hacer una eslinga, es elaborando un Nudo de Ballestrinque lo bastante amplio para introducir en medio de él un tablón, el cuál debe quedar como muestra la figura. Para darle estabilidad al tablón y que nos permita utilizarlo como andamio, se llevan las puntas de la cuerda hacia arriba y se atan utilizando un As de Guía. Este eslingado también suele usarse para hacer atados de palos.

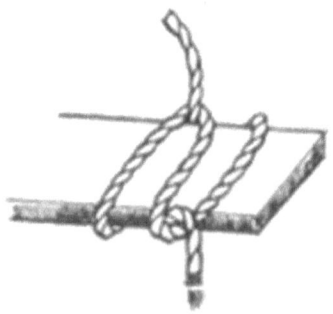

Media llave y un cote

Un nudo muy útil para fijar una cuerda a un tronco redondo o a un mástil, sobre todo si se requiere mucha fricción para que se deslice.

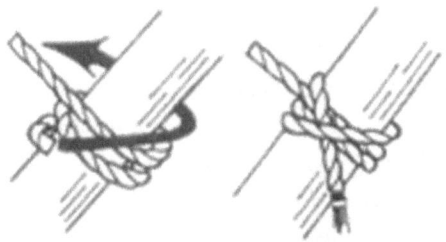

Cadena

La cadena se utiliza principalmente para arrastrar o levantar mástiles grandes o bien, en algunos casos, para asegurar un entablillado de un brazo o una pierna fracturada.

Nudo del fugitivo

Se puede deshacer fácilmente tirando de una de las puntas de la cuerda. Útil cuando se necesita asegurar algo de modo que pueda desatarse fácilmente, como la amarra de un bote, o para descender rápidamente de un árbol (cuidando de bajar por la punta de la cuerda que no desata el nudo).

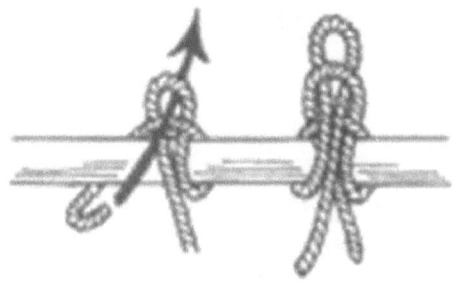

Balso por seno

Este nudo sirve para subir personas u objetos. Tiene un acabado similar al As de Guía Doble, con la ventaja de que ofrece mayor resistencia; también presenta la ventaja de que se puede hacer a la mitad de una cuerda. Si lo hiciste en un extremo de la cuerda, obtienes mas seguridad ligando o rematando el chicote.

As de guía doble

Se hace de la misma manera que el As de Guía simple, sólo que la gaza se hace doble, como se muestra en el esquema. Se utiliza también para labores como elevar personas u objetos, ofreciendo mayor seguridad.

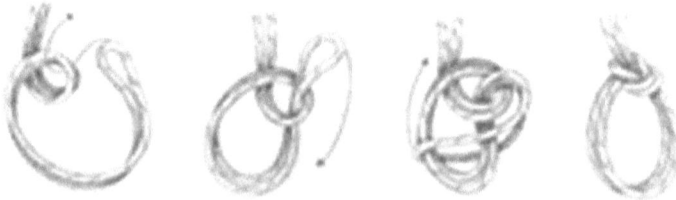

Ocho tejido o encontrado (doble)

En realidad se trata del mismo nudo explicado como nudo de encordamiento; pero variando el sentido de los cabos. Así realizado y complementando con dos pescadores, se convierte en un nudo bastante seguro a la hora de unir cuerdas para instalar un rapel o atando un mosquetón o arnés. Se deshace mas rápidamente que el Pescador doble, pero no debe ser empleado para unir cuerdas de diámetro diferente (por ejemplo de 8,2mm y 9mm).

Realización

- En primer lugar uniremos las cuerdas con el nudo de Ocho doble con la diferencia de que, aparte de usar dos cuerdas, colocaremos los cabos enfrentados.
- Debemos asegurarnos de que los cabos salen cada uno en un sentido y con una longitud aproximada de entre 40 y 45 cm.
- Con este excedente haremos un Pescador en cada lado del Ocho como nudos de seguridad.

Dogal de verdugo

Este nudo es simplemente una gaza corrediza con un collar múltiple, y es bien conocido por el macabro uso que se le ha dado. Sin embargo, puede ser muy útil para salvar vidas; se puede izar a una persona colocando la gaza por debajo de sus brazos. Se comienza haciendo una "s" con la cuerda y se pasa un extremo a través de una presilla, dejando bastante cuerda para la gaza. Luego, se dan varias vueltas alrededor de la misma (ver figuras) y se pasa la punta por en medio de la otra gaza. Finalmente, se jala la primera gaza para apretar el collar.

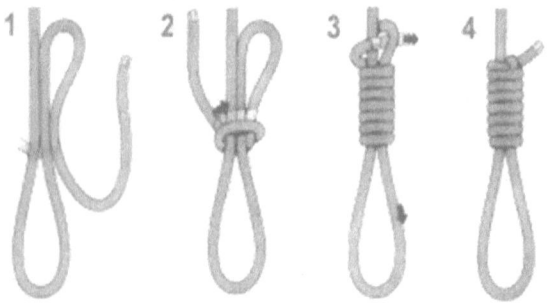

As de guía de agua

Es un As de Guía con una presilla extra abajo del nudo, que lo asegura y evita que se apriete demasiado, especialmente si va a estar bajo el agua.

Vuelta de poste

La "vuelta de poste" es una vuelta limpia y práctica para asegurar objetos a un poste—la más adecuada para amarrar temporalmente un bote-. La gran ventaja de esta vuelta es que resulta muy rápida de hacer.

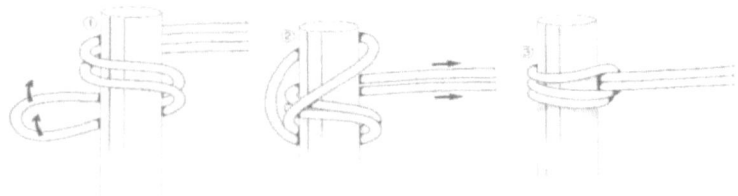

Nudos de montaña o de escalada

En términos de *montaña*, un nudo es la operación que se realiza a lo largo de una *cuerda* con la finalidad de asegurar, unir o detener. En los diccionarios la definición de nudo es: unión, lazo o vínculo.

Los nudos deben de presentar las siguientes características en cualquier situación: sencillos, fáciles de hacer, fuertes e imposibles de deshacerse por si solos. Un buen nudo tiene la peculiaridad de ser fácil de deshacerse por el montañero cuando él lo desee.

Clasificación y elaboración

En la montaña y en los rescates se utilizarán los nudos de diferentes formas, ya sea para unir al compañero, unir cuerdas, para asegurar pasos difíciles, para asegurar al montañista o para evacuar a un lesionado. Dadas las múltiples funciones de los nudos se clasifican de acuerdo al servicio que proporcionan, por su utilidad y forma de aplicación.

Nudos Personales—Nudos Especiales—Nudos Auxiliares.

Por efectos prácticos, acá sólo hablaremos de nudos personales.

Nudos personales

Los nudos personales son aquellos que se utilizan para encordar al montañista y tienen contacto directo con el cuerpo. Antes de considerar el tema de los nudos a detalle, vale la pena recordar que cualquier nudo sobre una cuerda debilitará la misma en ese punto. Durante años se han usado muchos nudos en escalada, inicialmente es mejor considerar sólo algunos sencillos, saber su uso, y lo más importante, saber hacerlos rápidamente y en cualquier circunstancia:

Nudo de middleman

Se utiliza para hacer gazas que no se deslizan en la parte media de una cuerda. Muy útil, por ejemplo, para las cordadas de alpinistas. Se hacen dos presillas encontradas; se coloca la de la derecha por encima de la izquierda y la presilla que queda abajo (ver figuras) se pasa por en medio de ambas. Ésta última es la que forma la gaza.

Nudo de cinta

Es muy fácil de hacerse, es la mejor forma de unir 2 cintas, incluso para cerrar anillos de cinta plana o tubular.

Su principal ventaja es ser plano y su firmeza cuando es sometido a tensión. Sin embargo, debe de apretarse bien antes de usarse y revisar con regularidad, pues puede deslizarse ante variaciones de tensión. Tiene por desventaja que cuando se aprieta, es difícil de deshacerse. Tiene que vigilarse que los cabos sobresalgan del nudo por lo menos 3 veces el ancho de la cinta en cada punta.

Con un procedimiento similar se elabora la *gaza de cinta*.

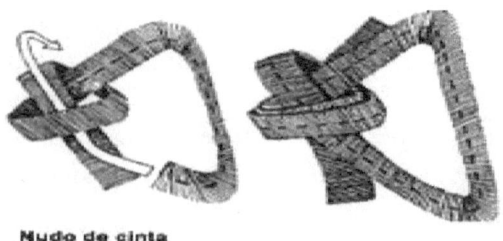

Nudo de cinta
Unión de cintas

Prusik

Es el clásico nudo de auto bloqueo que funciona en dos direcciones, aunque en los últimos años ha entrado en desuso al ser sustituido por el Marchard. Se utiliza una cuerda de diámetro menor (cordaleta) a la cuerda principal. Cuando se vaya a usar con cargas humanas o importantes debe usarse doble con cuerda de mas de 6 mm. Debe recorrerse manualmente, es decir, se afloja lo mas posible y luego se desliza sobre la cuerda antes de someterlo a una nueva carga.

Tiene las ventajas de ser fácil de hacer, incluso con una mano y de correr en ambas direcciones.

Su desventaja principal es que en casos de extrema tensión, es difícil aflojarlo.

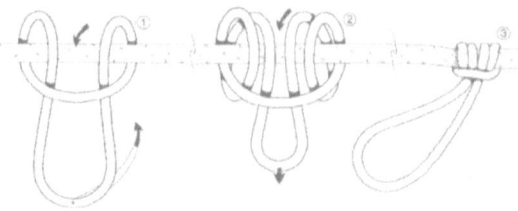

Una alternativa de nudo autobloqueante es el ***nudo francés***, aunque éste se desliza fácil en una sola dirección.

Marchard

Del grupo de los denominados de autobloqueo, este nudo ha desplazado al Prusik, aunque ambos son muy confiables. Sus principales ventajas son:

- ♣ es fácil de hacer,
- ♣ es bidireccional, igual que el Prusik,
- ♣ en caso de que la cuerda estuviera congelada, sigue siendo eficiente
- ♣ se aprieta y se afloja fácilmente

Una desventaja es que su realización requiere de ambas manos.
Una variable es el ***marchard trenzado***, que tiene mas ventajas cuando
se aplica con una correa.

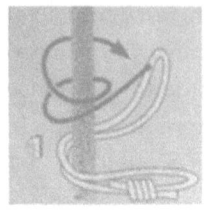 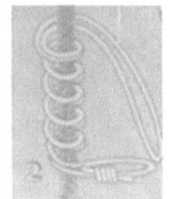 

Gaza en ocho

Nudo básico y de gran importancia. Se utiliza para
que haya una adecuada unión entre tu arnés y la
cuerda de seguridad. Cuando no puede "insertarse",
se hace "cosiendo" la gaza es decir, siguiendo el cabo.
Este nudo también se puede hacer a la mitad de la
cuerda.

Gaza simple
Fijar cuerda de forma rápida a
un anclaje.

Ocho Doble
Encordamiento al arnés y unión de cuerdas para
rápel

Ocho doble: Encordamiento
al arnés y unión de cuerdas
para rapel.

Ocho por seno
Fijación a la reunión o anclaje.

Ocho por seno: fijación a la reunión o anclaje

Mariposa

Este nudo se puede hacer en cualquier parte de la cuerda y, por su
simetría, conserva su estructura en cualquier circunstancia. Tiene
como ventaja que se hace con rapidez y se deshace fácilmente, no se
desliza y la gaza "no muerde" cuando el nudo se aprieta.

Nudo Mariposa
Lineas de vida, travesías horizontales.

Nudo dinámico

Este nudo es muy eficiente cuando se trata de asegurar al que va escalando, ya que permite asegurarlo en ambas direcciones. También es útil para hacer rapel. Sólo hay que tener presente que funciona mejor con un nudo HMS o tipo pera.

Es fácil y rápido de hacer. Incluso se puede hacer con una sola mano.

Utiliza poco material, sólo un mosquetón fijado a la placa y a la cuerda.

Permite bloquear al escalador o bien que la cuerda corra con suavidad.

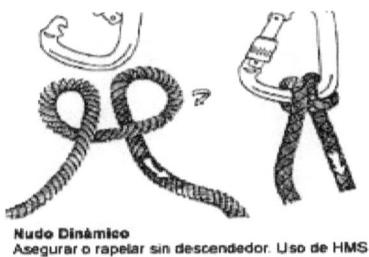

Nudo Dinámico
Asegurar o rapelar sin descendedor. Uso de HMS

Ballestrinque

Para escalar es importante poder hacer ciertos nudos de seguridad con una sola mano. Se muestra como hacerlo con sólo una mano, a partir del nudo dinámico, sobre un mosquetón..

Este nudo se utiliza para asegurarse en un punto de anclaje o para fijar una cuerda.

No se corre, pero tiene una resistencia limitada.

Se usa en situaciones de apremio y de manera transitoria. Funciona como anclaje momentáneo, principalmente en alta montaña, pero se recomienda agregarle un nudo de control o remate. Se convierte fácilmente en un nudo dinámico, si así se necesita.

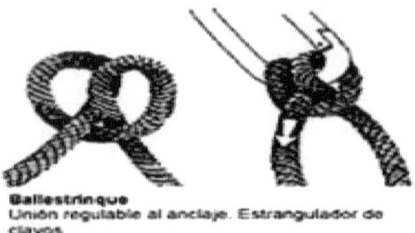

Ballestrinque
Unión regulable al anclaje. Estrangulador de clavos.

Nudo de corazón

Es para asegurar al segundo de la cordada.

Nudo corazón
Nudo bloqueador en un solo sentido. Auto-rrescate

Pescador doble

Este nudo se usa para hacer un anillo con una cordeleta, pero no se debe aplicar con cintas.

Pescador doble
Unión de cordinos

Vuelta italiana

La "vuelta italiana" es un nudo de escalada nuevo, utilizado para amarres, que fue introducido en el léxico de los alpinistas en el año 1974. Su ventaja principal es que permite absorber la energía de una caída. El mayor inconveniente de este nudo, conocido también como "vuelta deslizante de anilla", o "vuelta de fricción munter", es que resulta fácil confundirse al realizarlo.

Elaboración: Se pasa la cuerda alrededor y a través del mosquetón y el escalador puede comprobar que ésta está cerrada. La cuerda de escalada puede aflojarse o apretarse para dar o quitar tensión cuando se requiera. Es la forma admitida oficialmente de sujeción (esto es, fijar una cuerda de rescate alrededor de una roca o una argolla) por la Unión Internacional de Asociaciones de Alpinismo.

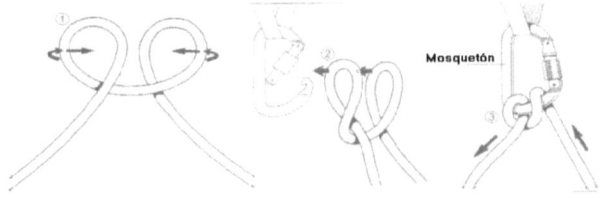

Vuelta rodante

Este nudo, también conocido como "vuelta magnus o de caja del ancla", es básicamente un ballestrinque en que se repite la primera vuelta. Se utiliza tanto en el mar como en escalada y es la mejor forma de asegurar una cuerda pequeña a otra más gruesa que está bajo carga. Cuando la cuerda ligera es perpendicular a la más fuerte, el nudo puede deslizarse fácilmente a lo largo de la misma, pero permanecerá en su lugar tan pronto como se efectúe un esfuerzo lateral sobre la cuerda más fina. Si coloca la mano sobre el nudo y lo desliza sobre la línea gruesa, al llegar al final se deshace, quedando una longitud de cuerda recta. Es más seguro que el ballestrinque para amarres provisionales y puede utilizarse para elevar tubos y otros objetos.

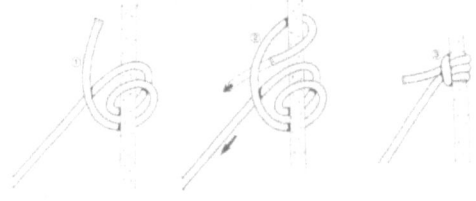

NUDOS DECORATIVOS

Pasemos a los nudos decorativos o "fantasía": tienen una fascinación y encanto especial, ya que en ellos se combina la utilidad con una especie de placer estético. Muy pocos nudos incluidos en esta categoría son puramente decorativos. La mayor parte de ellos tienen aplicaciones prácticas y se derivan o se basan en los bien conocidos nudos estándar o clásicos, pero todos ellos permiten una creatividad individual a través del ingenio personal y de la inventiva y, en la complejidad y precisión de su ejecución, pueden ser tan absorbentes y satisfactorios como la resolución de un complicado "rompecabezas".

Los nudos decorativos disponen de una larga y notable historia y es una de las habilidades más antiguas y más ampliamente distribuidas entre las artes populares o tradicionales, ya que su práctica está muy generalizada. Durante años, han mantenido una atracción y fascinación muy popular, gozando actualmente de la situación de una reconocida forma de arte.

En el pasado, la intrincada formación de uno de estos nudos, podía tomar bastante tiempo en dominarse; el conocimiento de su realización solía pasar de una persona a otra y con frecuencia bajo la promesa del secreto.

Los nudos meticulosamente explicados y descritos, no son solamente decorativos y atractivos por sí mismos, sino que tienen una gran cantidad de modernas aplicaciones en cualquier aspecto de la vida, tanto en navegación, pesca, caza o simplemente en la vida al aire libre, como en el mundo de la moda o el diseño interior.

Cabeza de turco o barrilete

Éste es el típico nudo utilizado como anillo para sujetar una pañoleta. También era utilizado por los marinos colocando un peso en el centro del anillo para lanzar la punta de una cuerda al muelle y así asegurar las embarcaciones. Se usa para tomar o sostener una caña de pescar, para conducir con seguridad un timón, etc. Una vez elaborada la primera vuelta, basta con darle otra siguiendo la trayectoria de la anterior. Se le pueden dar una o dos vueltas más.

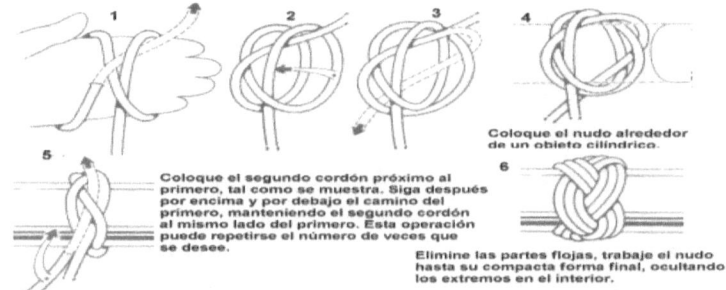

Nudo cuadrado o de la amistad

Sirve para unir dos cuerdas, quedando en ángulo recto, uno con respecto a la otra. Se usa como nudo decorativo en las puntas de las pañoletas scout o en la rama de intermedias de Guías.

Nudo de diamante

Los antiguos marinos lo hacían como nudo terminal y permanente con uno o dos cabos.

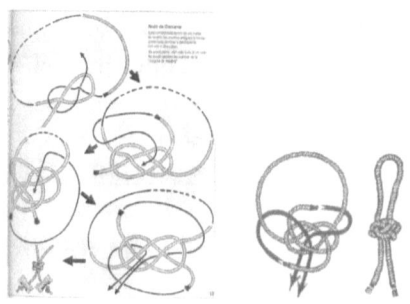

Medio nudo múltiple corredizo

En ocasiones un lazo corredizo puede ser de utilidad en una traílla (correa). Una forma simple y efectiva de conseguirlo es utilizando un "medio nudo múltiple" (en ésta página), pero, antes de apretarlo, introduzca el segundo cordón a través del nudo, tal como se indica en el paso 1. El lazo puede modificarse al tamaño que se necesite.

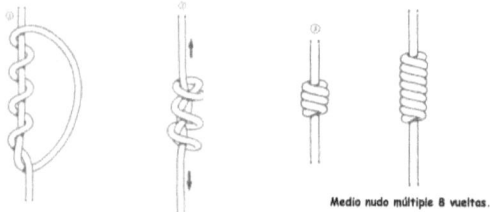

Medio nudo múltiple 8 vueltas.

Nudo doble wall

El limpio aspecto de este nudo, a la vez que su facilidad, lo convierte en un nudo muy popular para traílla. Por otra parte es un nudo que presenta idéntico aspecto cuando se mira desde cualquier lado.

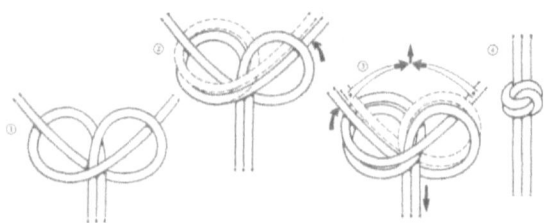

Nudo tope de dos cordones

Tal como su nombre sugiere, este nudo de traílla, plano, ancho y decorativo, puede utilizarse como nudo de tope. Los nudos de tope son útiles cuando es preciso que un objeto se deslice a lo largo de una cierta longitud de la traílla.

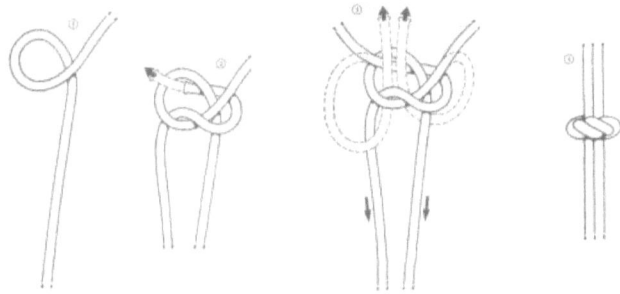

Nudo de traílla para cuchillo.

Es uno de los nudos de traílla más atractivos y por tanto uno de los más ampliamente usados. Se conoce también con el nombre de "nudo diamante de dos cordones" y "nudo Bosun de silbato", es ideal para formar un lazo al extremo de una traílla. A primera vista puede parecer difícil de realizar, tanto como alguno de los nudos más complicados. El primer intento puede probablemente resultar un fracaso. Pero sea paciente, siga paso a paso las instrucciones, trabaje y apriete el nudo hasta conseguir su forma final y ser recompensado con un nudo bello, funcional y decorativo.

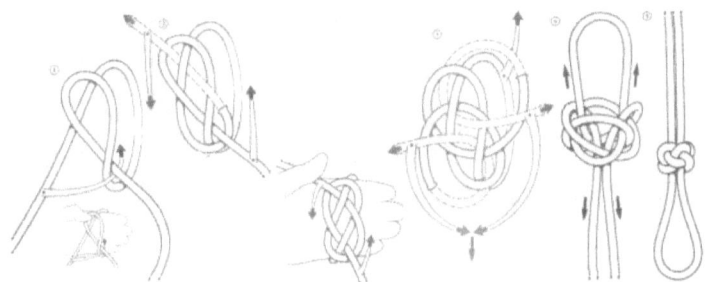

Trenza plana de cinco vueltas

Elaboración: Coloque la cuerda en la disposición indicada en la figura 1, luego procedemos a doblar el cordón izquierdo sobre el centro. Retuerza de nuevo el cordón izquierdo hacia el exterior para formar el paso 2. Para terminar el nudo, recoja el cordón exterior derecho a través del centro, gradualmente vaya trabajando el material flojo y apriete el nudo.

Nudo de traílla

Se trata de un simple y efectivo nudo de un cordón basado en el nudo en ocho. Es muy apropiado para la decoración de cuerda fina, efectuándose a menudo en serie. Proporciona una apariencia atractiva e impide que la traílla se deslice entre los dedos.

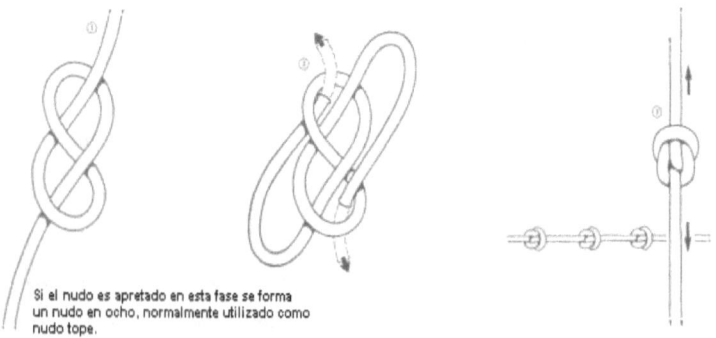

Si el nudo es apretado en esta fase se forma un nudo en ocho, normalmente utilizado como nudo tope.

Medio nudo múltiple o guirnalda

Este es un nudo que también se llama "Nudo Guirnalda o Nudo de Sangre".

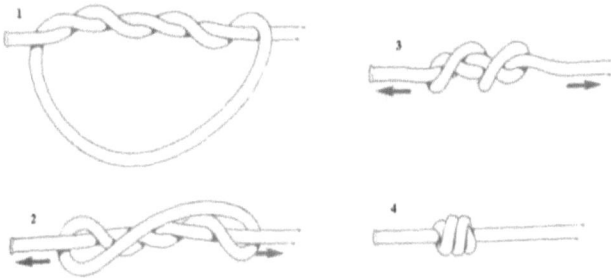

Nudo Matthew Walker de dos cordones

La historia verídica de Matthew Walker es desconocida, aunque se cree que fue un maestro de jarcia en los muelles ingleses alrededor de la mitad del siglo dieciocho. Una de las certezas que se tienen sobre él, es que es una de las pocas personas que todavía se recuerdan en el arte de los nudos. Existen diferentes variantes de los nudos "Matthew Walker"; el que ilustramos a continuación es un simple y efectivo nudo de traílla que puede alargarse fácilmente aumentando el número de vueltas.

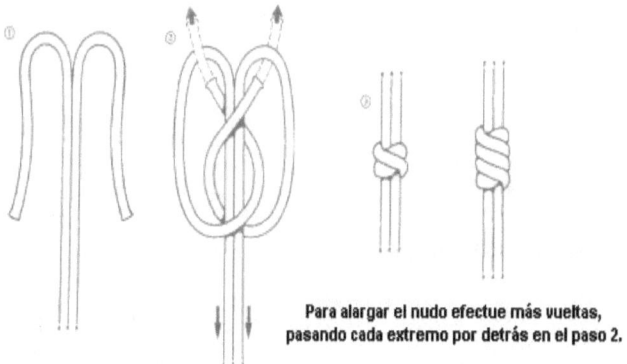

Para alargar el nudo efectue más vueltas, pasando cada extremo por detrás en el paso 2.

Nudo chino de mariposa

Este nudo puede realizarse en varios tamaños y formas. El que aquí
se ilustra es una de las variantes más pequeñas y se realiza en forma
de traílla, consiguiendo un lazo o curva en cada una de las cuatro
esquinas. Para realizarlo con facilidad, coloque los cordones sobre
una superficie plana y dispóngalos tal como se indica en los pasos 1
y 2. Después de haber terminado el paso 2, trabaje y apriete el nudo
hasta conseguir su forma final.

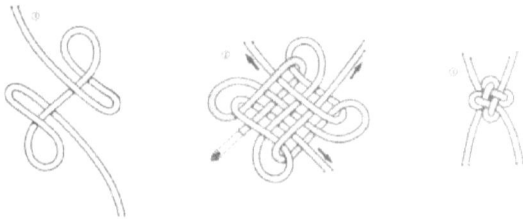

Nudo plano de traílla

Este atractivo nudo, que se ejecuta a partir de dos medios nudos,
permite separar los dos cordones de una traílla. Con objeto de
conseguir su distintiva y simétrica forma, el nudo debe apretarse
cuidadosamente, después de haber completado el paso 2.

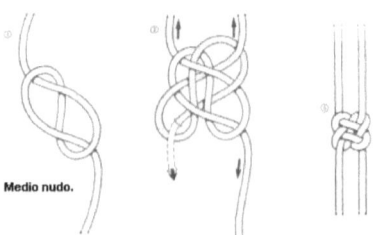

Medio nudo.

Nudo de cuatro pliegues

Este simple nudo puede resultar difícil de efectuar si no se siguen
exactamente las instrucciones paso a paso. Elaboración: Después de
realizar las series de pequeñas vueltas, paso 1, y formar el paso 2

tal como se muestra, es muy importante trabajar el material flojo, apretar el nudo hasta que presente el aspecto de la figura 3.

Nudo de traílla de un cordón

Muy similar a la "corona con lazos sencillos" este nudo dispone de la ventaja de mostrar la corona tanto por delante como por detrás. Para obtener el mejor efecto debe cuidarse, al apretarlo, que ambos lazos sean iguales y las coronas simétricas.

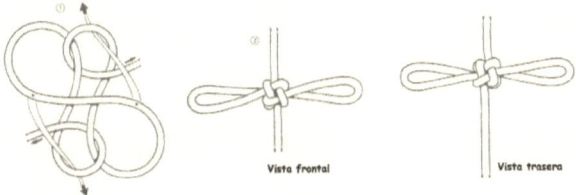

Vista frontal   Vista trasera

Torcido doble

Este nudo, basado en el medio nudo (paso 1), se realiza dando la vuelta al cordón exterior de la parte izquierda y pasando el cordón derecho a través del centro, paso 2. Después se continúa de forma alternativa, tal como puede verse en el paso 3. Para terminar el nudo vaya apretándolo gradualmente eliminando las partes flojas.

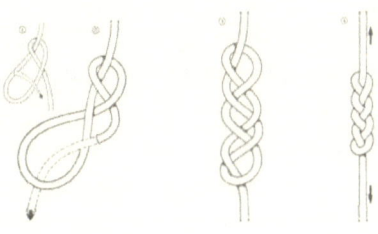

Cadenetas

Las cadenetas se realizan con uno o más cordones que van formando lazos sucesivos pasando unos por el interior de otros. El ejemplo que presentamos aquí es uno de los más utilizados y se conoce con los nombres de "Cadena de Mono" o "Cabo de Trompeta". Puede verse con frecuencia ejecutado en cordón dorado en algún uniforme y constituye una excelente forma de decorar cualquier tipo de cuerda. Este modelo particular de trenza dispone de otra importante cualidad: cualquier longitud de cabo incorporada en el interior de una cadeneta adquiere características elásticas.

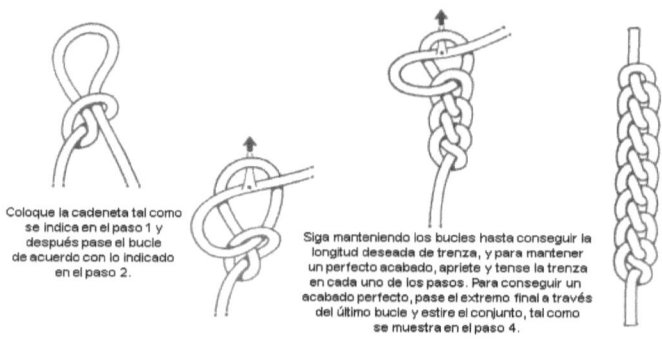

Coloque la cadeneta tal como se indica en el paso 1 y después pase el bucle de acuerdo con lo indicado en el paso 2.

Siga manteniendo los bucles hasta conseguir la longitud deseada de trenza, y para mantener un perfecto acabado, apriete y tense la trenza en cada uno de los pasos. Para conseguir un acabado perfecto, pase el extremo final a través del último bucle y estire el conjunto, tal como se muestra en el paso 4.

Trenzado plano

Esta sencilla trenza de tres cordones se conoce también con los nombres de "Trenza Común o Inglesa". Tiene un campo muy amplio de aplicaciones decorativas, pero indudablemente el más popular es el de las trenzas de las escolares. Coloque los tres cordones tal como se indica en el paso 1 (si fuera necesario asegúrelos en línea recta con una pinza). El método para hacerla consiste en cruzar alternativamente los cordones laterales sobre el del centro; comience con el cordón situado a la derecha, paso 2, siguiendo con el de la izquierda, paso 3. Siga repitiendo el proceso en los pasos 4 y 5, hasta alcanzar la longitud deseada de trenza. Para conseguir una trenza limpia y compacta, tal como puede verse en le paso 6, apriete y arregle cada paso de la trenza. Los trenzados pueden terminarse en una gran variedad de formas, dependiendo del uso final. El método más simple consiste en atarlas con una cuerda fina o una banda elástica, cortando posteriormente el material sobrante.

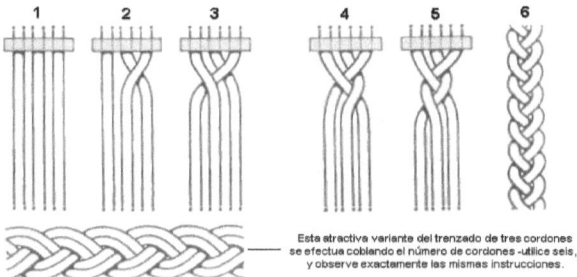

Esta atractiva variante del trenzado de tres cordones se efectúa doblando el número de cordones -utilice seis, y observe exactamente las mismas instrucciones.

Trenza de cuatro cordones

Esta agradable variante de trenzado de cuatro cordones se realiza cruzando como siempre el cordón de la parte derecha tal como se muestra en el paso 1. Continúe cruzando el cordón de la parte derecha como se indica en los pasos 2 y 3, hasta que la longitud deseada de trenza se haya conseguido. Para lograr el aspecto mostrado en el paso 4, la trenza debe apretarse y arreglarse en cada uno de los pasos.

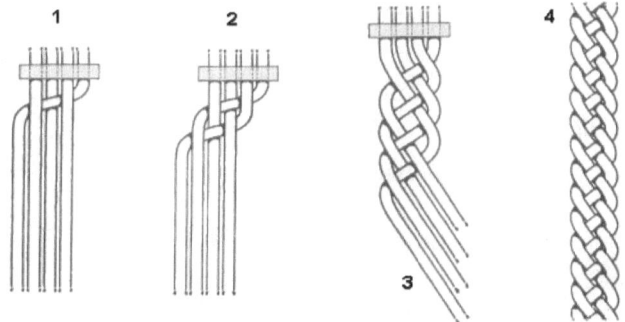

Trenza de cuatro cordones lateral

Este trenzado de cuatro cordones es un excelente ejemplo de las variantes que pueden obtenerse. Esta trenza, muy ornamental, se realiza cruzando exclusivamente un cordón a través de los otros tres. Mantenga los tres cordones tal como se indica en el paso 1 con ayuda de la mano derecha y continúe cruzándolos tal como se detalla en los pasos 2 y 3. Para conseguir el resultado final. mostrado en el paso 4, estire y arregle los cordones después de cada paso.

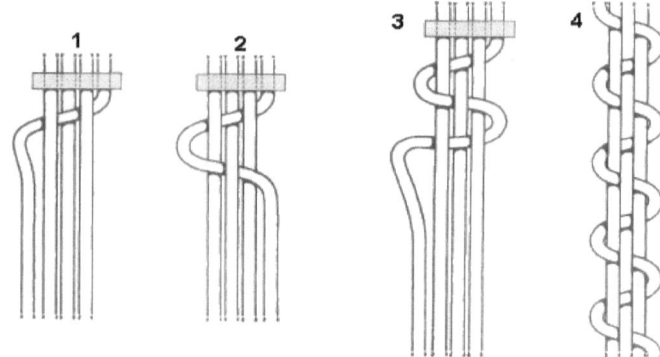

Trenzado corona

Los trenzados corona, como su nombre indica, se construyen "coronando". Esta trenza se conoce con el nombre de "Cola de Puerco" y se realiza pasando cada cordón bajo el bucle formado por los dos siguientes. Puede utilizarse un número variable de cordones; el ejemplo aquí mostrado utiliza tres, pero el método es exactamente el mismo para cualquier número de ellos. Puede utilizarse para cubrir objetos cilíndricos. Un trenzado de este tipo debe ejecutarse de forma metódica, apretando cada una de las coronas para obtener los mejores resultados.

1.—Sujete tres cordones juntos mediante un cordón fino o una banda elástica, o simplemente mediante un medio nudo.
2.—Disponga los tres cordones de esta forma para comenzar la preparación de la corona.
3.—Como se indica en esta figura, se realiza la primera corona cruzando el cordón uno por debajo del cordón dos, el cordón dos por debajo del cordón tres, y el cordón tres por debajo del cordón uno. Estire los cordones y la corona quedará hecha.

4.—Continúe ahora realizando la corona con los cruces sucesivos, y para efectuar este tipo especifico, debe seguir cruzando los cordones siempre en la misma dirección.

5.—Para conseguir un acabado final limpio, apriete los tres cordones alrededor del centro.

6.—Una variación interesante de la Cola de Puerco consiste en cruzar los cordones en direcciones alternas, la primera en el sentido de las agujas del reloj, y la segunda en el sentido contrario.

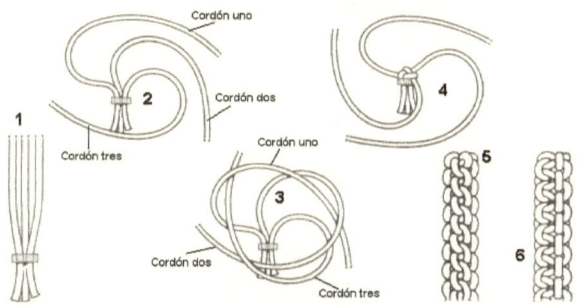

Nudo chino de botón doble

Realizado con frecuencia con cordón de seda, resulta ser uno de los nudos de botón más corriente mente usados y más decorativos. Siga las instrucciones básicas del "Nudo de Botón Chino", explicado en esta página, pero continúe llevando el cordón por una segunda vez a lo largo del primero, tal como se indica en los pasos 1 y 2, para formar un nudo de dos cordones o "doble". Cuando trabaje el nudo para conseguir su forma final, tenga especial cuidado en mantener los dos cordones juntos.

AMARRES

Amarre cuadrado

Este amarre se usa para unir dos postes, de manera que queden perpendiculares el uno del otro. Se comienza haciendo un ballestrinque en uno de los postes y se le da vuelta a la cuerda como muestran las figuras. Se "ahorca" el amarre y se asegura con un ballestrinque. Es muy importante apretar lo más posible cada vuelta del amarre para darle solidez. Se pueden formar distintas estructuras utilizando varios amarres cuadrados o en combinación con otros tipos de amarres.

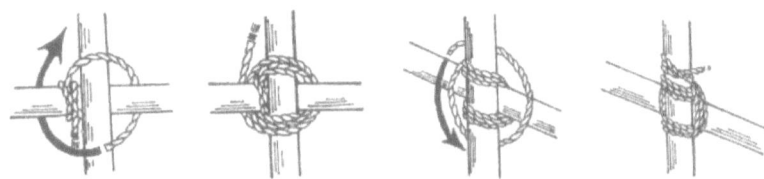

Amarre diagonal

Este amarre se usa para unir dos postes que no van a quedar perpendiculares el uno del otro. Se comienza con una vuelta de braza alrededor de ambos postes y se le da vuelta a la cuerda como se muestra. Se "ahorca" el amarre y se asegura, ya sea con un ballestrinque o con otra vuelta de braza. Usándolo en combinación con el amarre cuadrado permite la construcción de estructuras muy sólidas.

Amarre redondo

Se utiliza para amarrar dos postes de modo que uno sea una "extensión" del otro, para hacer un asta bandera, por ejemplo. Se comienza con un ballestrinque y se da vueltas a la cuerda alrededor de los dos postes como muestra la figura. Se "ahorca" el amarre y se asegura con otro ballestrinque. Igualmente es necesario apretar cada vuelta del amarre para darle mayor solidez. Un buen truco para que los mástiles queden mucho más sólidos, es unirlos con dos amarres redondos pequeños, uno arriba y otro abajo.

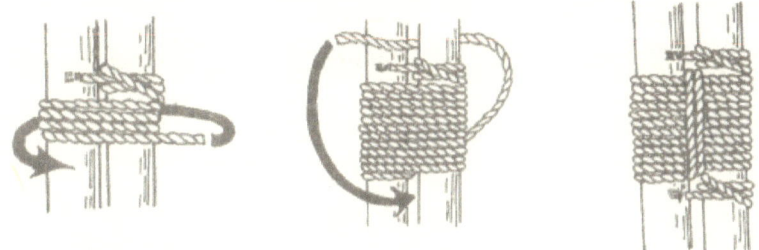

Amarre en ocho

Permite unir varios troncos uno junto a otro. Es utilizado para hacer balsas, mesas y bases para campamentos elevados, por ejemplo. Se inicia con un ballestrinque y se da vueltas a la cuerda en forma de ocho (por arriba y por abajo) alrededor de los troncos. Luego, se "ahorca" el amarre en cada juntura (cuando son muchos troncos, es conveniente usar una cuerda para cada "ahorcado"). Se termina el amarre con un ballestrinque. Para que las bases así armadas sean más sólidas, es conveniente amarrarlas por ambos extremos, así como montarlas sobre troncos colocados perpendicularmente, cerca de los extremos (ver figura).

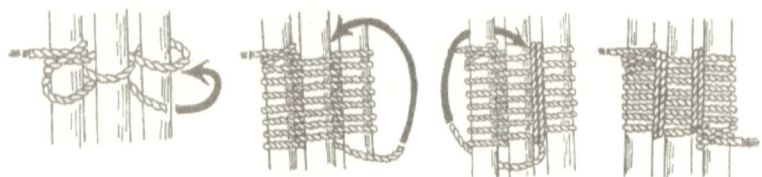

Amarre cuadrado japonés

Es muy similar al amarre cuadrado, sólo que es más rápido y queda bastante firme.

- Se comienza juntando ambos cabos, el doblez de la cuerda pasa por el madero vertical y por debajo del madero horizontal.
- Realizar lo mismo que con el amarre cuadrado, pero con ambas cuerdas, cuidando siempre de quedar bien apretado.
- Se termina separando las cuerdas y ahorcando el amarre, girando las cuerdas en sentidos opuestos entre los dos palos. Se remata con un nudo llano.
- Este amarre es muy útil ya que es muy rápido de hacer y presta la misma utilidad que el amarre cuadrado.

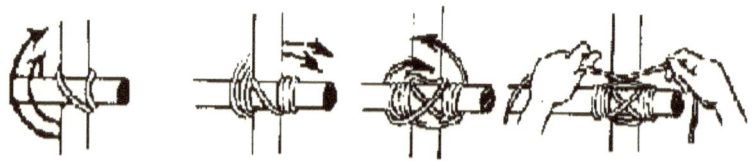

Amarre diagonal filipino

- Su base teórica es muy similar al amarre cuadrado japonés, sólo que ahora los maderos están en ángulo.
- Se comienza con una presilla de alondra por el ángulo mayor.
- Se dan de dos a tres vueltas con la doble cuerda. Primero por el mayor de los ángulos y luego por el más pequeño.

- Se ahorca con dos o tres vueltas entre los maderos, muy firmemente.
- Se separan las cuerdas y se finaliza con un nudo llano.

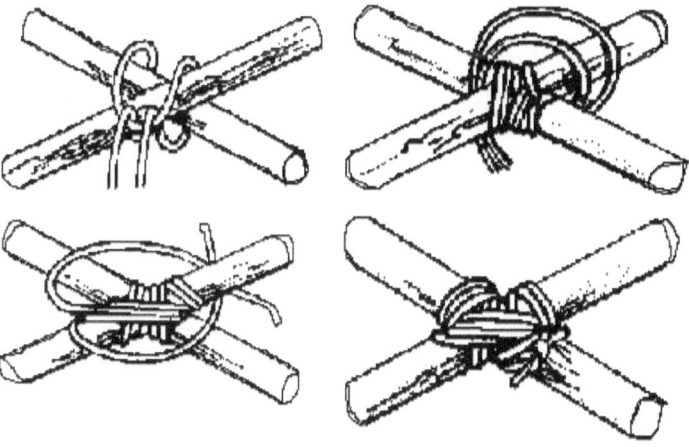

Amarre de escalera de mano

El diseño de la escalera aparece con una serie de gazas, sujetando los barrotes, encajados en una muesca hendida en los largueros; este amarre no es suficiente.

Para darle seguridad se necesita hacer un *Nudo de Ballestrinque* en cada lado de los barrotes, de preferencia encontrarlos y en diagonal.

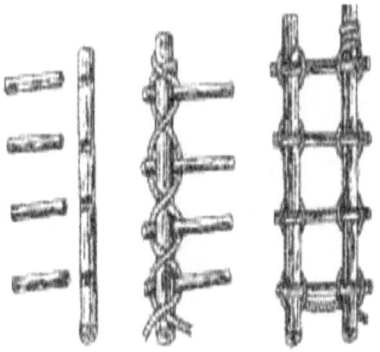

TEJIDOS

Los tejidos son muy útiles en construcciones, ya que, además de aligerar la construcción, dan soporte. Pueden ser usados en mesas; para escurrir trastes; en campamentos elevados: para sostener nuestra tienda; en utensilios para facilitar nuestro trabajo. Mientras mas cerrado sea el tejido, mas firme será.

Manera de hacerse:

Esta presilla se hace en la mayoría de los tejidos, veamos ahora como se hace alrededor de un palo de construcción:

<ul style="list-style:none">
<li>c) Pasar el cabo por encima del palo de construcción y rodearlo.</li>
<li>d) Cruzar el cabo sobre sí mismo y rodear el palo de nuevo pero en sentido contrario al primero.</li>
<li>e) Meter el cabo en la lazada que se forma</li>
<li>f) Separar los cabos jalándolos a la vez para apretar la presilla, la distancia que pongamos entre los cabos, nos dará el tamaño de la trama del tejido.</li>
</ul>

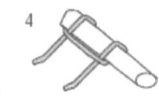

Tejido cuadrado

Como su nombre lo indica, al terminar el tejido, queda una trama de cuadros, es un tejido donde fácilmente se puede regular la tensión.

Primero que nada debemos construir un bastidor, generalmente rectangular, que nos servirá de soporte.

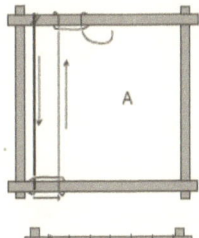

A)   Iniciamos con un ballestrinque, cruzamos nuestro mecahilo hasta el extremo contrario y lo rodeamos haciendo una presilla de alondra, la amplitud de la presilla determinará el tamaño de los cuadros que formaran el tejido.

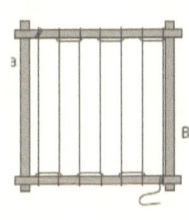

B)   Regresa al palo inicial y continúa de este modo, hasta cubrir de líneas el área del bastidor. C) Terminar con ballestrinque. Esta trama debe estar ligeramente floja, ya que al tejer la trama transversa, el tejido se ira tensando. Al terminar corta el mecahilo

Inicia con otro ballestrinque en el palo que forma ángulo con el que hemos estado trabajando. Tomaremos el mecahilo e iniciaremos el tejido transversal. Para ello haremos lo mismo que en el primer paso, pero daremos una vuelta con el mecahilo en cada una de las líneas que tendimos

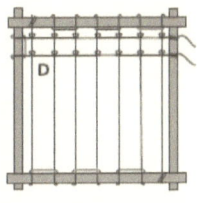

con anterioridad. Al llegar al lado opuesto hacemos una presilla de alondra y regresamos del mismo modo al palo inicial (D).

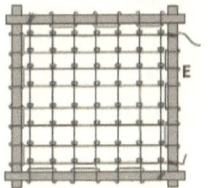

Sigue hasta cubrir la superficie de nuestro marco y termina con un ballestrinque (E).

Tejido triangular

Como su nombre lo indica, al terminar el tejido queda una trama formada por triángulos. Es ideal cuando se requiere un tejido de mucha tensión.

A) Iniciamos con el ballestrinque y cruzaremos nuestro mecahilo hasta el palo contrario, dándole la vuelta y dejando el mecahilo "flojo". Regresaremos al palo inicial, alternando el sentido, uno por abajo y el siguiente por arriba.

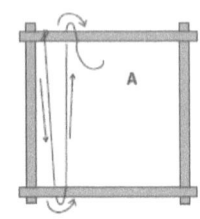

Seguiremos así hasta completar el área del bastidor, procurando terminar, en el mismo palo en el que iniciamos, con otro ballestrinque. Si quieres en este punto puedes cortar tu mecahilo (B).

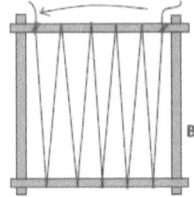

Tomaremos el mecahilo e iremos juntando las líneas que hemos tendido de dos en dos. Pasaremos nuestro mecahilo alrededor de cada par, formando una pequeña línea de triángulos mas pequeños. (D)

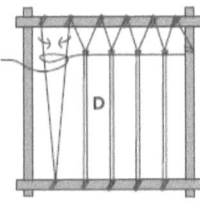
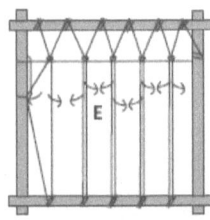

Al llegar al extremo hacemos una presilla de alondra sobre el mismo palo y con ella tomamos una línea del primer par para iniciar la segunda vuelta (E). Juntaremos la línea que queda con una del siguiente par, hasta llegar al extremo opuesto (F) y completar el área de nuestro bastidor (G).

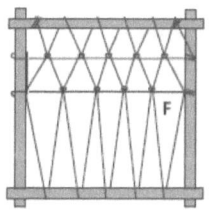 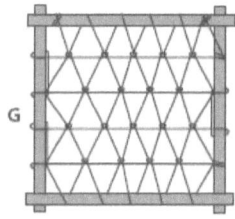

TEJIDOS PH

Llamados así por formar parábolas e hipérbolas al entrelazar las cuerdas.

Estos tejidos nos permiten hacer vistosas construcciones en nuestros campamentos.

Los tejidos PH se integran con armonía al paisaje y son muy funcionales en la elaboración de portadas, cercas y la prolongación estética de varias construcciones. Sólo tu creatividad le pone límites.

Principios básicos

Fija firmemente dos postes en el ángulo que desees, pueden ser de igual o diferente longitud.

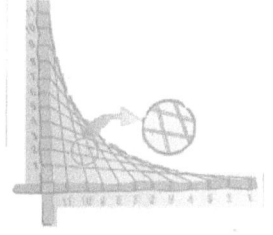

Marca el mismo número de puntos en cada uno de los postes. En cada poste la distancia entre las marcas deberá ser igual, aunque no necesariamente las separaciones serán iguales en los 2 postes.

Numera las marcas, en uno de los postes de adentro hacia fuera y en el otro de afuera hacia adentro.

Une con cuerdas las marcas del mismo número de ambos postes, tensando con firmeza. Para sujetar la cuerda a cada poste usa un ballestrinque.

Recuerda alternar las cuerdas (por arriba y por abajo) cuando éstas se crucen.

La longitud de los postes, el ángulo que forman entre si y la separación entre las cuerdas son parámetros para construir diferentes modelos de tejidos.

En tanto mayor sea el grosor de la cuerda, mas lucirá el tejido. Acorde al tamaño de la construcción, deberás elegir el grosor de la cuerda.

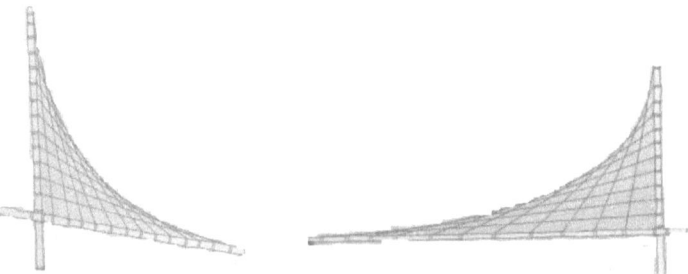

El uso de cuerdas de colores le da vistosidad al tejido. Recuerda que es muy útil hacer una maqueta previamente.

Alternando las zonas del tejido . . .

Aplicado sobre los cuadrantes que se forman al cruzar dos travesaños . . .

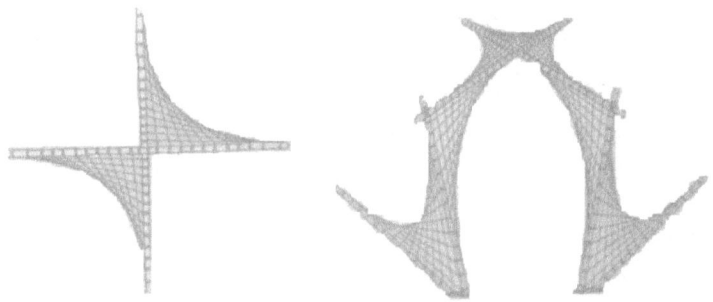

Evita los cabos sueltos, pues dan una mala apariencia al tejido. Puedes usar armellas para sujetar las cuerdas a los travesaños, eso facilita la sujeción.

Giros

Aplicando giros a un grupo de cuerdas también formamos un tejido PH. En el ejemplo se muestra un fondo para destacar un tablero de avisos.

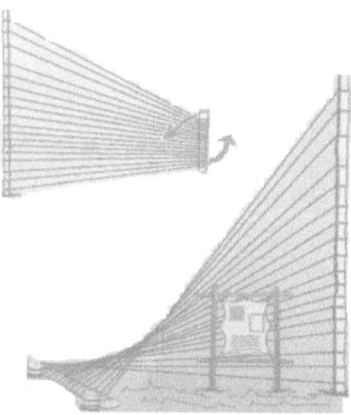

Paraboloide hiperbólico

En un marco rectangular, une con cuerdas paralelas dos lados opuestos. Mantén la misma separación entre cada cuerda y la adjunta.

Después, haz lo mismo entre los otros dos lados, tejiendo las líneas entre las primeras cuerdas tejidas, como si fuera un tejido cuadrado.

Concluido el tejido, se levantan dos de los vértices (opuestos entre sí) y los otros dos se bajan. Se forma así el PH (paraboloide hiperbólico).

Los vértices que quedan como base, se entierran para darle estabilidad a la construcción.

El tejido así se puede aplicar como techo de una mesa, agregándole los travesaños necesarios.

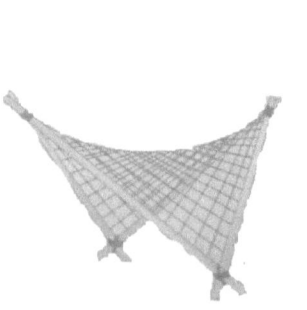

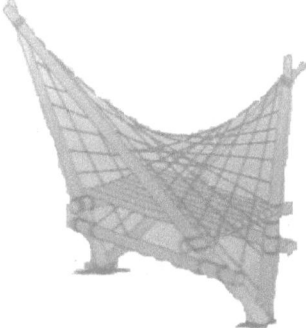

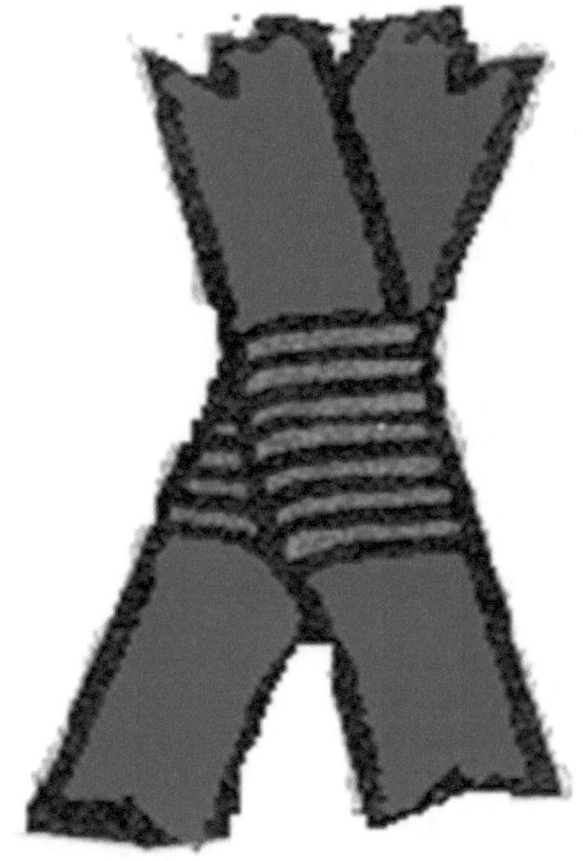

Construcciones

ÍNDICE

Nota importante

CONSTRUCCIONES

Las construcciones son estructuras a partir de bordones, palos, amarres, tejidos y nudos, con el fin de suplir las comodidades a las que estamos acostumbrados y poder hacer nuestro campamento lo mas cómodo posible. Las construcciones de una patrulla reflejan su trabajo, sus conocimientos, su unión, creatividad, atrevimiento y sobre todo, sus deseos de superación.

Dimensiones y medidas

MAQUETA

Antes de ir a un campamento, lo mejor es hacer una maqueta con las construcciones que harán en la excursión, con el objeto de saber que materiales necesitas y preparar las construcciones.

Planos y Diseños

Para realizar las construcciones básicas, necesitas saber sus dimensiones y debes tener algunas consideraciones:

Funcionalidad: La distribución de cada una de las partes de la construcción debe ser adecuada para su buen uso y los accesos a ella deben ser útiles.

Ubicación: Debe estar adecuada al declive del terreno y la tienda debe estar orientada hacia el punto de reunión del Grupo. Por supuesto esto depende de cada Grupo.

Firmeza: Las construcciones deben tener estabilidad y todos los amarres y tejidos deben ser resistentes y fuertes.

Estética: Deben ser originales y estéticas. No debe haber mecahilo colgando y no deben cruzarse los amarres.

TIPOS DE CONSTRUCCION

Hay varios tipos de construcción que se hacen dependiendo del terreno, el objetivo del campamento y la mejor manera de aprovecharlo.

a) Terrestres: Son en el suelo y se hacen con soportes como anclados.
b) Elevadas: Se hacen a más de un metro de altura y pueden ser con ayuda de las ramas de los árboles, pero NUNCA se debe destruir o afectar a la naturaleza.
c) Subterráneas: Se hacen a un nivel mas abajo que el del suelo y se utilizan zanjas u hoyos ya hechos.

CONSTRUCCIONES FUNDAMENTALES

Cada campamento que se considera bien establecido, reúne una serie de construcciones, que se describen y muestran a continuación. Cabe destacar que no siempre el programa de un campamento ofrece el tiempo suficiente para realizar todas estas construcciones. Sin embargo, contar con ellas, hace más placentera y cómoda la vida al aire libre.

Portadas, cercas y puertas

La cerca y las puertas tiene dos fines: hacer clara la separación con otros campamentos y protegernos de los animales. Debe estar conectada con la portada y puede tener una salida trasera para una persona. Son muy fáciles de hacer, pero es recomendable colocarle pedazos de tela brillante a las cuerdas para no tropezar con ellas en la noche. Principalmente se usan los amarres cuadrado y redondo para hacerlas.

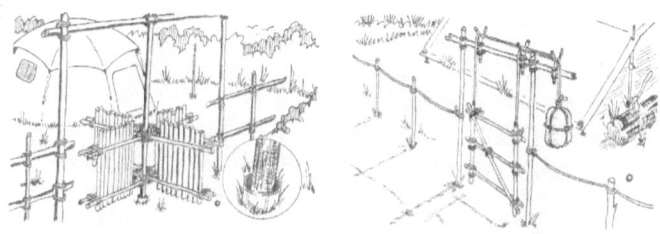

La portada es la parte más llamativa del campamento, por lo que debemos cuidar lo que represente, refleje nuestra mística, originalidad y estética.

Las portadas deben quedar enterradas un poco para darles más estabilidad, cosa que debes considerar al hacer el cálculo del tamaño de los bordones que vas a usar. La cerca debe ser respetada por cualquier persona y no debe usarse como una "segunda puerta"; pues podría dañarse y dañar las demás construcciones.

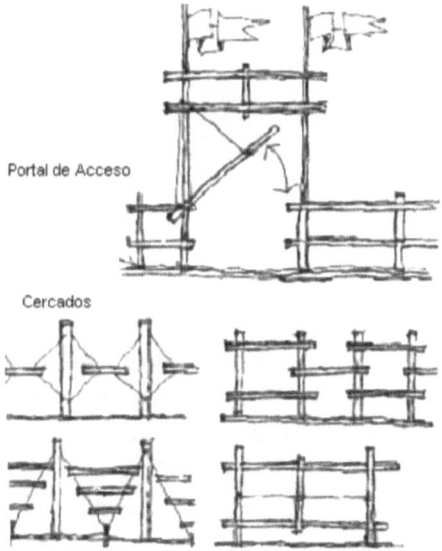

Adicionalmente puedes construir un asta banderas que sirve para poner nuestro banderín. Debe estar hecho de una estructura firme para sostener un asta de por lo menos dos metros de altura.

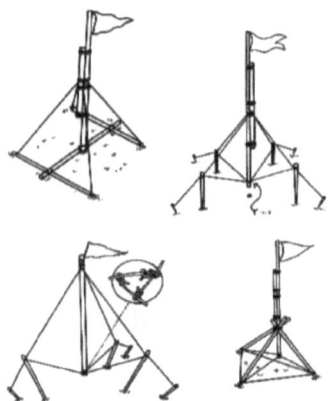

En donde vives

Tienda y canales o zanjas

La tienda de campaña se debe colocar de acuerdo al declive del terreno, de manera que los canales o zanjas que hagas a su alrededor tengan un declive; que el viento no le dé de frente, sino por detrás, de preferencia, que el viento le dé en una de las esquinas, para que no se infle y se caiga. (Ver tomo sobre acampado).

Campamento elevado

Un campamento elevado es considerado como tal si se eleva por lo menos 1 metro del suelo. Tiene varias ventajas. Puedes compensar las irregularidades del suelo por este medio, puedes salvaguardar la tranquilidad de tus noches, evitando que se meta algún animal a tu tienda o que se te inunde por aguaceros sorpresivos. En lugares pantanosos también es más cómodo pensar en dormir en las alturas. Claro, ¡muchos grupos lo hacen por simple diversión!!!

Para que tu campamento aéreo resulte todo un éxito, considera que vas a emplear mucho tiempo en construir, por lo que tu campamento seguro será de varios días. Por otro lado debes contar con sogas y cuerdas resistentes, polines y bordones suficientes y mucha fuerza y destreza para hacer los amarres del cuadro base, así como de los tejidos del mismo.

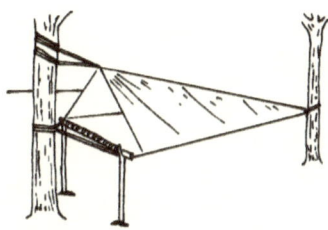

1. Forma un cuadrado con varejones o polines.
2. Entierra cuatro varejones o polines a la distancia que tenga tu cuadrado, que te sirvan de postes.
3. Amarra el cuadrado a los postes.
4. Haz un tejido en el cuadrado.
5. Pon la carpa encima del tejido.

Tendedero

Siempre es conveniente orear nuestra ropa a la mañana siguiente durante el campamento. Incluso la ropa húmeda o mojada necesita un lugar especial para secarse a los rayos del sol, para que nuestro campamento no parezca excesivamente desordenado. Es recomendable hacer ganchos para poner en la ropa, para que no se vuele durante el día.

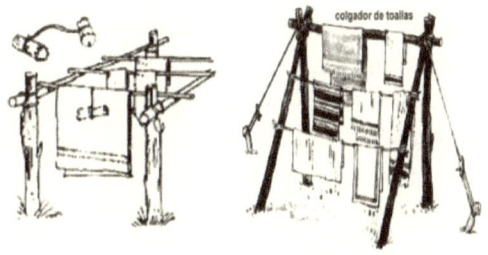

Mochilero

Los mochileros son las construcciones más típicas que se hacen en los campamentos. El más común es el mochilero tipo "A", que es uno de los más fáciles de hacer. Si tu campamento es en un lugar húmedo (el mar) o con rocío, debes cubrirlo con un toldo plástico, para evitar que se mojen las mochilas.

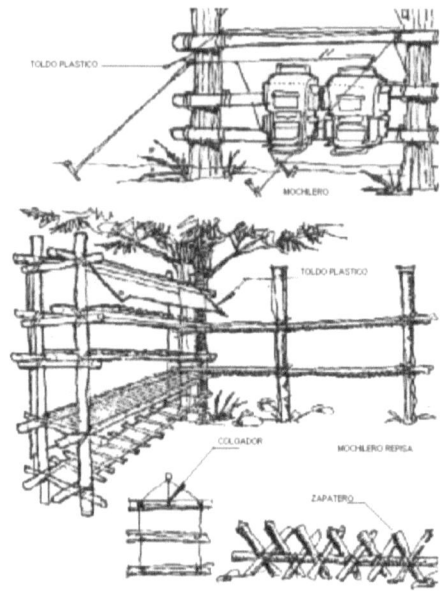

Los mochileros ahorran bastante espacio dentro de las tiendas o carpas, pues evitan que se metan a ellas las mismas. Se puede usar el mismo diseño de los mochileros para colgar sacos de dormir y cobijas, pero no se debe sobrecargar el mochilero con cobijas y mochilas, puesto que puede romperse.

Otro uso que puede dársele al mochilero es para guardar objetos que no deberían estar en el piso, como alimentos, para que durante la noche no sean comidos por los animales.

Zapatero

Obviamente es para guardar nuestros zapatos, pues, como sabes, después de un día de aventuras en un campamento, se mojan y se ensucian y a nadie nos gusta tener una tienda sucia. Por otro lado sirven para que ahí se sequen y también para que no nos quiten lugar dentro de la tienda. Es importante colocar los zapatos en el zapatero de manera que la punta apunte hacia arriba, ya que de esa manera evitaremos que se metan los bichos.

De todas formas te recomiendo que sacudas tus zapatos antes de ponértelos.

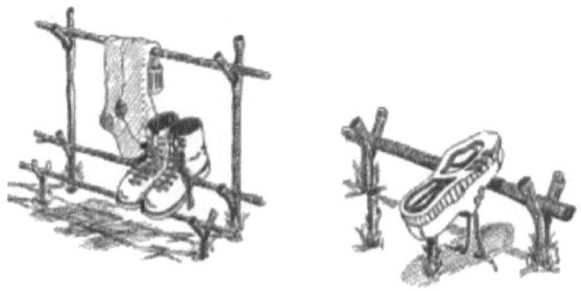

El lugar donde comes

Las mesas son construcciones complicadas y es recomendable no hacerlas en campamentos cortos.

Las mesas deben cuidarse y tratar de no mancharlas; para que sea más cómodo al comer, se puede colocar un toldo encima de ella, para protegerse del sol y de las hojas que caen en la comida.

En general podemos decir que hay diferentes tipos de comedor, muchos de los cuales llevan asientos y una mesa. Como recomendación considera que en el ancho de la mesa deben caber un vaso y un plato. Debe ser de fácil acceso y estar cerca de la cocina.

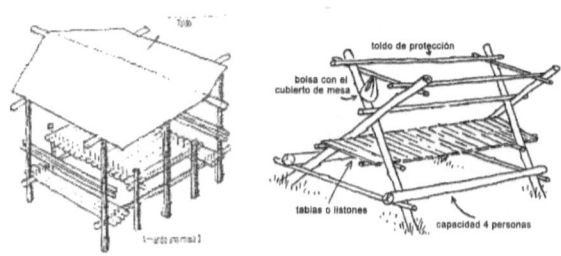

La cocina

Poco usadas en estos tiempos, las cocinas se pueden hacer de diversos materiales (por ejemplo, el barro). Se deben hacer sólo en campamentos largos, pues generalmente su construcción toma más de un día.

Debe tenerse en cuenta al construirlas, que es conveniente protegerlas, con algún material, del viento, ya que de otra manera es probable que nos cueste trabajo encender el fogón. Se debe considerar un espacio, alacena, para guardar los víveres.

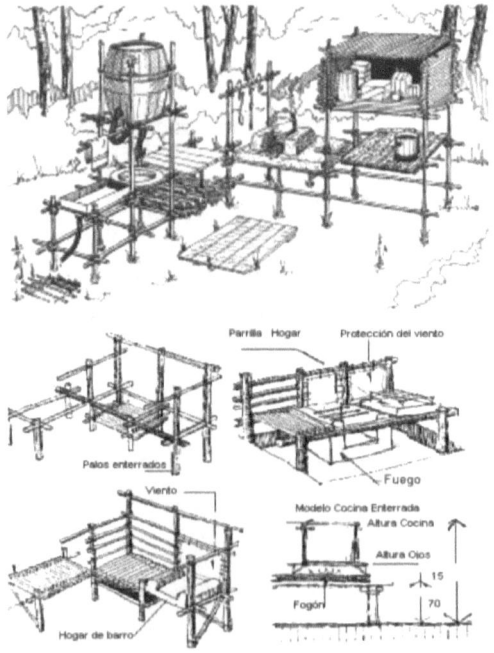

Cocina de piso: Consiste en hacer un corredor de piedras ó ladrillos, cerrado por 3 (tres) lados, (2 laterales y el fondo). En la pared del fondo se hace un agujero para el tiro. En el otro extremo se construye una entrada regulable para controlar la entrada de aire.

Ventaja: es de fácil construcción, rápida y requiere poco material.
Útil en terreno pedregoso (montañoso).
Desventaja: no siempre se consiguen piedras ó ladrillos.

El lavadero de platos

Este lugar debe estar muy limpio, porque es donde vamos a lavar nuestros platos. Debe tener una empalizada, un lugar para poner el jabón, un escurridero que debe estar cerca del bote de basura y, de preferencia, un vertedero.

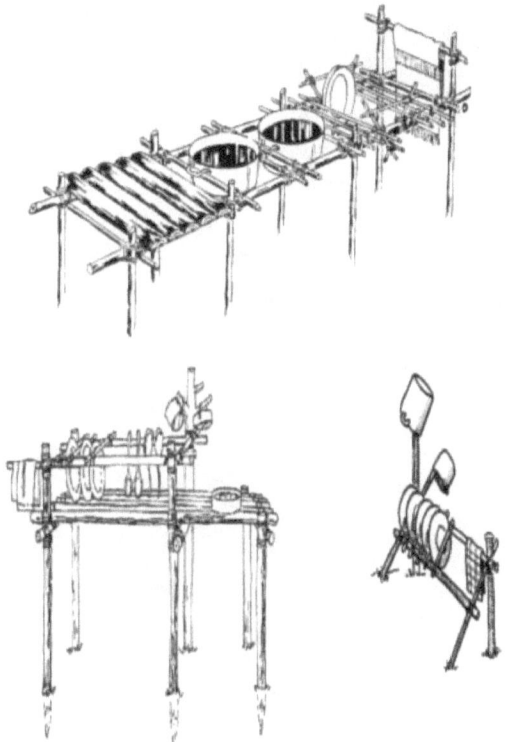

Alacenas

Las alacenas sirven para mantener el orden en el área de cocina. Ahí se pueden guardar tanto los utensilios de cocina, como los alimentos. Es recomendable que el lugar en donde se guarden alimentos sea cerrado y elevado, ya que de esa manera se puede evitar que los animales se adueñen de los mismos.

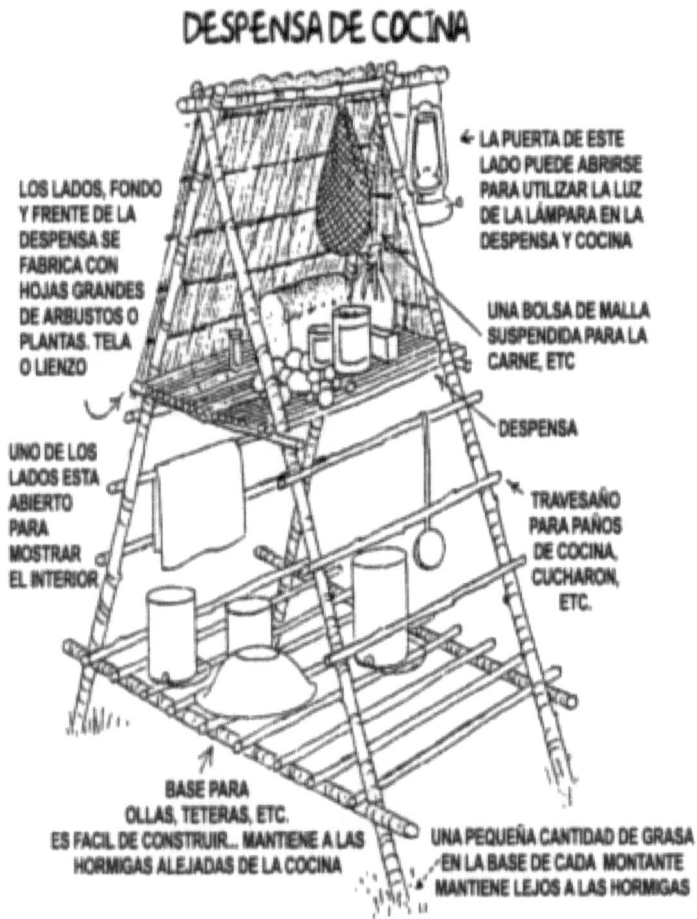

Para tu higiene

El tocador

Los tocadores son construcciones de variada dificultad. Algunos son fáciles y otros difíciles. Generalmente sólo es un soporte para una fuente con agua. Puede incluir un lugar para un espejo, porta cepillos de dientes, jabonera y toallero.

En campamentos largos también se puede hacer una ducha, como la del dibujo, que es un balde con agua perforado .

Es aconsejable no amarrarlo a los árboles, pues al caer sus hojas ensucian el agua.

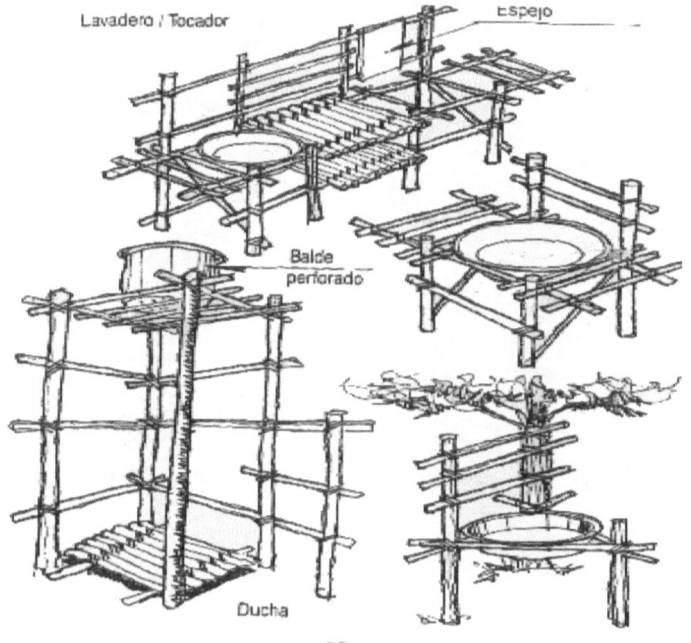

La letrina

Imprescindible en cualquier campamento, deben ser colocadas lejos del área de acampado, pero en un lugar que se encuentre durante la noche. Su construcción es básicamente un agujero profundo con una especie de silla encima. Periódicamente se va cubriendo con una capa de tierra y cal y al final del campamento se cubre totalmente.

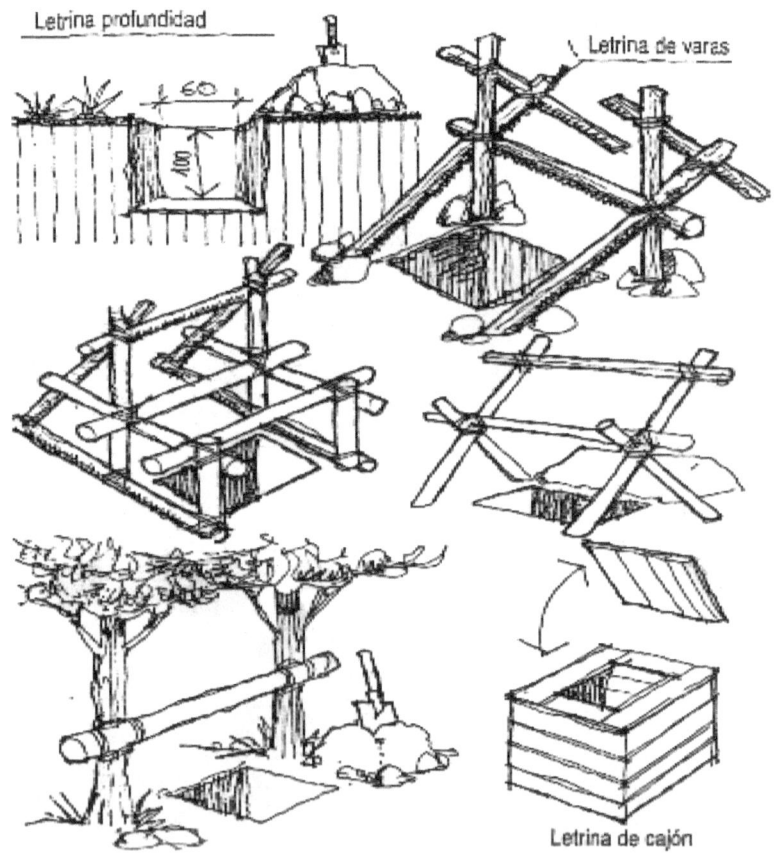

Letrina profundidad

Letrina de varas

Letrina de cajón

Refugios

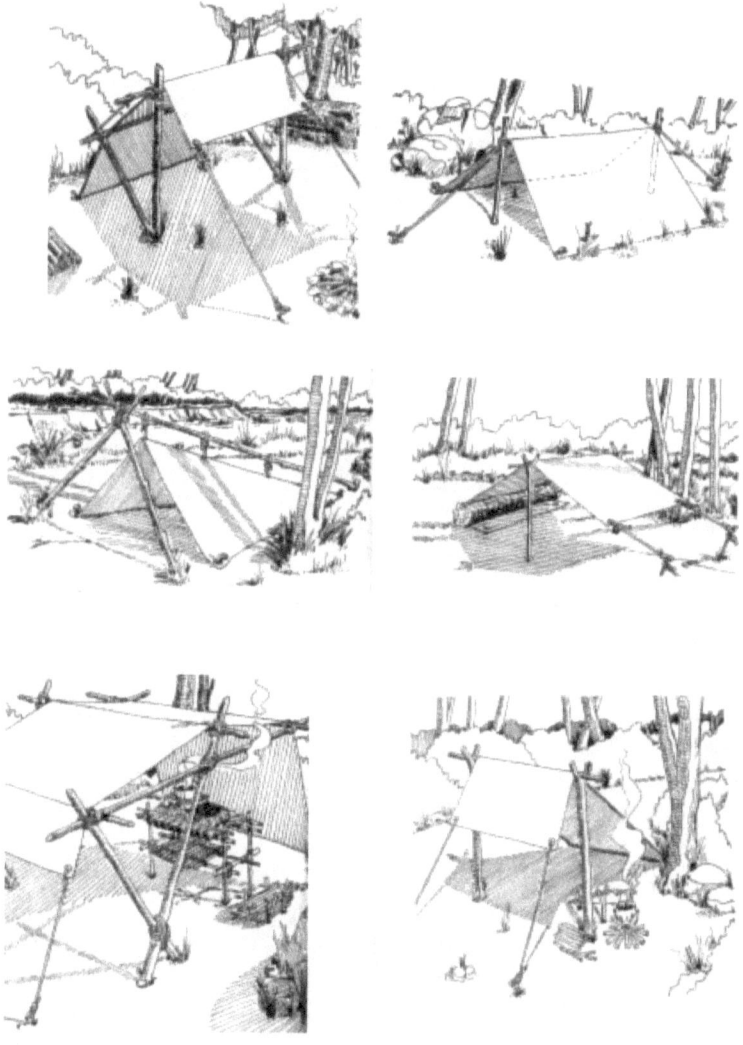

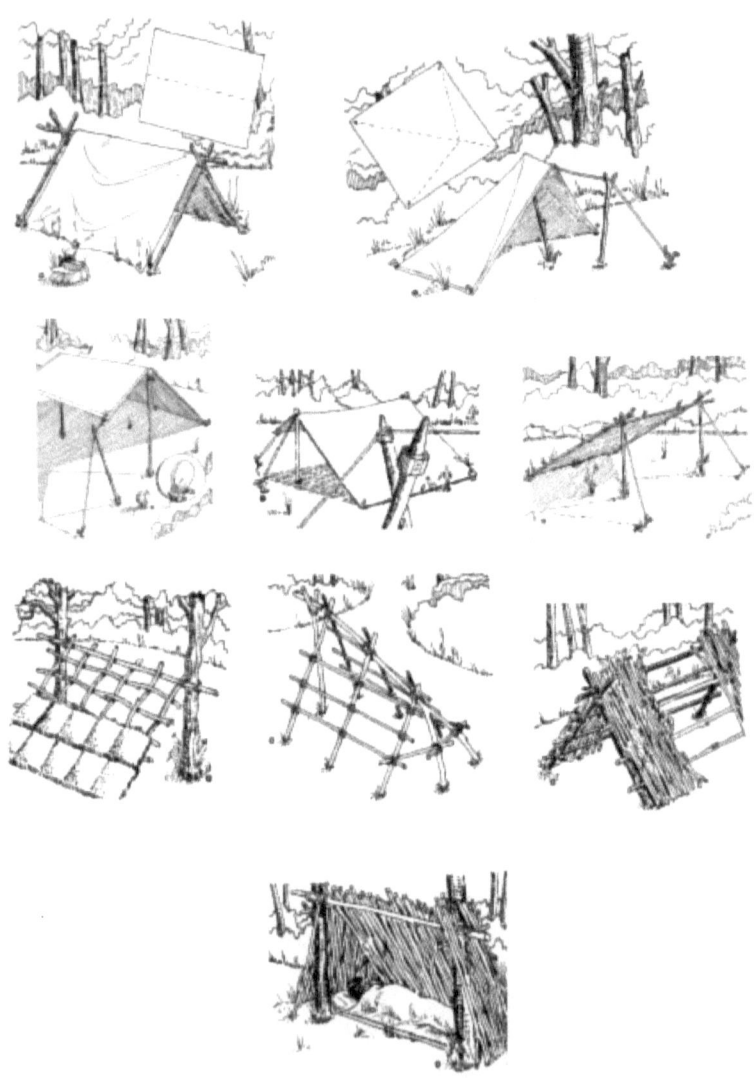

ASTUCIAS

Una astucia es una forma de utilizar los elementos de tu entorno para crear algo que aumente tu comodidad en campamento. Ahí te van unos tips:

Lavadero:
Haz un pozo de aproximadamente 5 cm de profundidad, cúbrelo con una bolsa, la sostienes con piedras y adentro de ella pones agua y jabón. Lo cubres con una bolsa.

Vestidor:
Con varejones haz un tripié, le pones un toldo encima y listo.

Refrigerador:
Con palos de escoba haz un tripié y moja una camiseta. Ésta tiene que tener muy bien amarradas las 2 mangas y el cuello. Con un nudo corredizo amarra el otro lado de la camiseta. Por ahí introduces y sacas las cosas. Cuelga la camiseta mojada en el tripié y mantenla mojada.

Timbre:
En una lata de refresco mete piedritas y la cuelgas de un árbol.

Ganchos:
Busca palitos medio encorvados y en medio les pones una cuerda para poder colgarlos.

Hay ocasiones en que se debe transportar a una persona lesionada o lastimada. Ten en cuenta que las camillas deben de ser seguras para evitar causar más lesiones a la persona que se transporta en ellas.
Como quizás algún día necesites una, te presentamos algunos tipos de camillas.

Se puede armar rápidamente una camilla con dos camisolas o chamarras, siendo conveniente reforzarla con cintos.

La cuerda que se utilice debe de ser del grosor suficiente para aguantar un peso mínimo de 120 Kg.

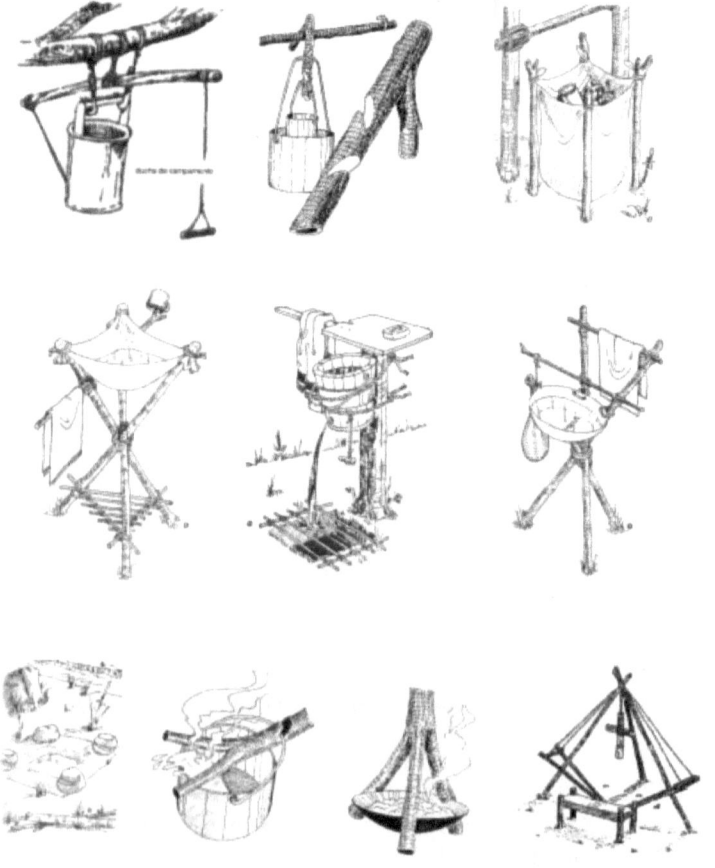

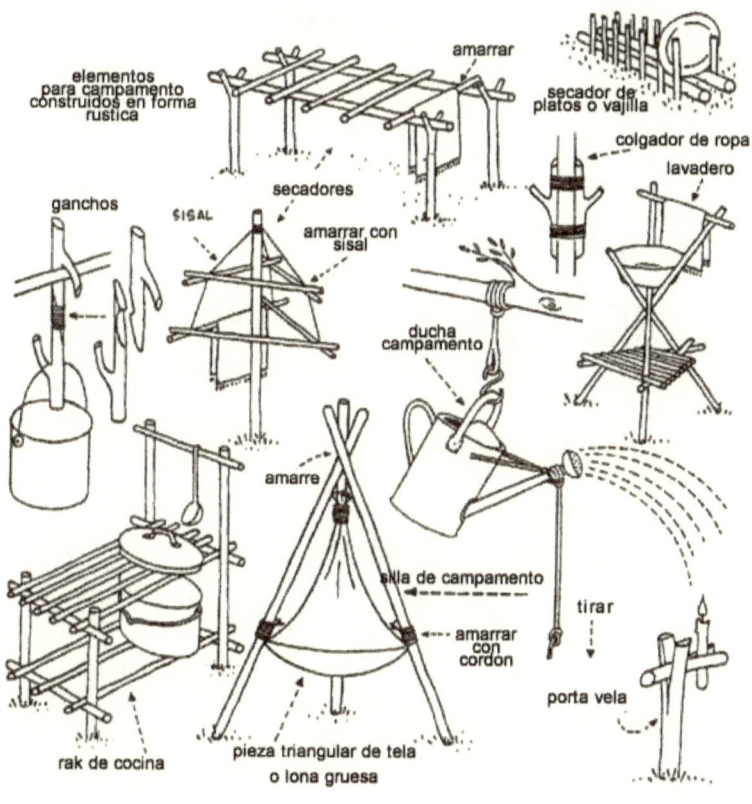

amarrar

secador de
platos o vajilla

elementos
para campamento
construidos en forma
rústica

colgador de ropa

lavadero

ganchos

secadores

SISAL

amarrar con
sisal

ducha
campamento

amarre

silla de campamento

tirar

amarrar
con
cordón

porta vela

rak de cocina

pieza triangular de tela
o lona gruesa

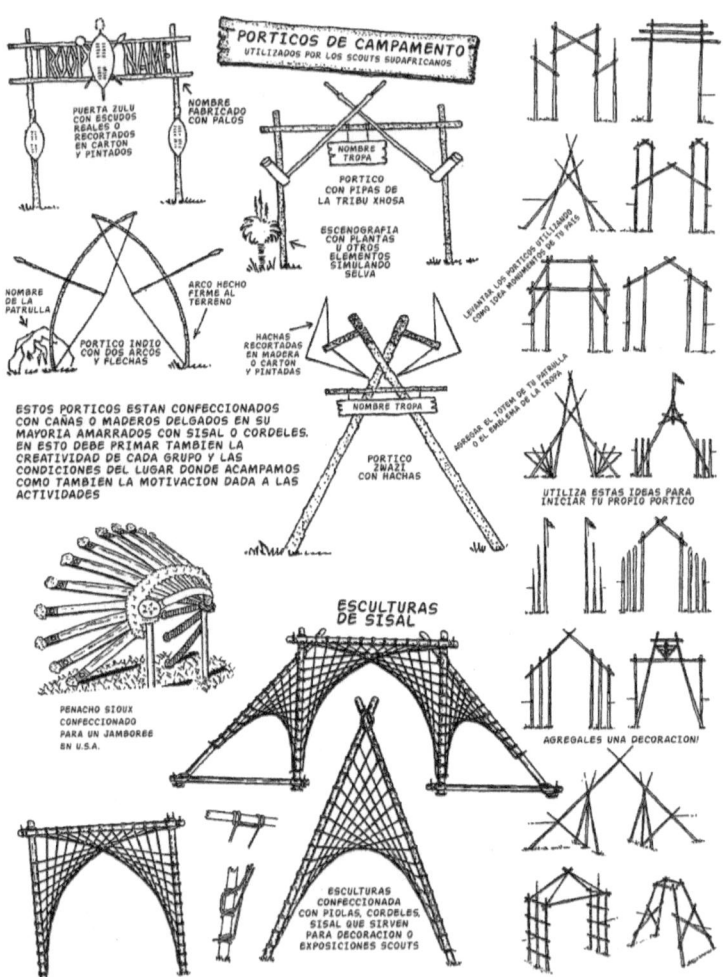

PORTICOS DE CAMPAMENTO
UTILIZADOS POR LOS SCOUTS SUDAFRICANOS

PUERTA ZULU
CON ESCUDOS
REALES O
RECORTADOS
EN CARTON
Y PINTADOS

NOMBRE
FABRICADO
CON PALOS

NOMBRE
TROPA

PORTICO
CON PIPAS DE
LA TRIBU XHOSA

ESCENOGRAFIA
CON PLANTAS
U OTROS
ELEMENTOS
SIMULANDO
SELVA

NOMBRE
DE LA
PATRULLA

ARCO HECHO
FIRME AL
TERRENO

PORTICO INDIO
CON DOS ARCOS
Y FLECHAS

HACHAS
RECORTADAS
EN MADERA
O CARTON
Y PINTADAS

NOMBRE TROPA

PORTICO
ZWAZI
CON HACHAS

ESTOS PORTICOS ESTAN CONFECCIONADOS
CON CAÑAS O MADEROS DELGADOS EN SU
MAYORIA AMARRADOS CON SISAL O CORDELES.
EN ESTO DEBE PRIMAR TAMBIEN LA
CREATIVIDAD DE CADA GRUPO Y LAS
CONDICIONES DEL LUGAR DONDE ACAMPAMOS
COMO TAMBIEN LA MOTIVACION DADA A LAS
ACTIVIDADES

LEVANTA LOS PORTICOS UTILIZANDO
COMO IDEA AGRUPAMIENTO DE TU PALO

AGREGAR EL TOTEM DE TU PATRULLA
O EL EMBLEMA DE LA TROPA

UTILIZA ESTAS IDEAS PARA
INICIAR TU PROPIO PORTICO

PENACHO SIOUX
CONFECCIONADO
PARA UN JAMBOREE
EN U.S.A.

ESCULTURAS
DE SISAL

AGREGALES UNA DECORACION!

ESCULTURAS
CONFECCIONADA
CON PIOLAS, CORDELES,
SISAL QUE SIRVEN
PARA DECORACION O
EXPOSICIONES SCOUTS

ASTUCIAS

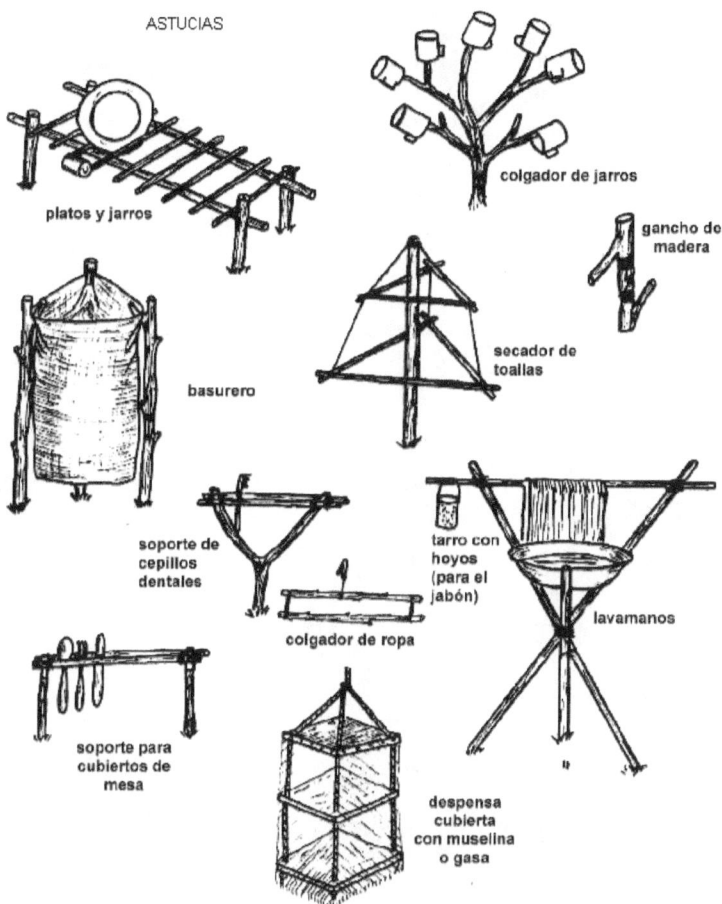

platos y jarros

colgador de jarros

gancho de madera

secador de toallas

basurero

soporte de cepillos dentales

tarro con hoyos (para el jabón)

colgador de ropa

lavamanos

soporte para cubiertos de mesa

despensa cubierta con muselina o gasa

CAMILLAS

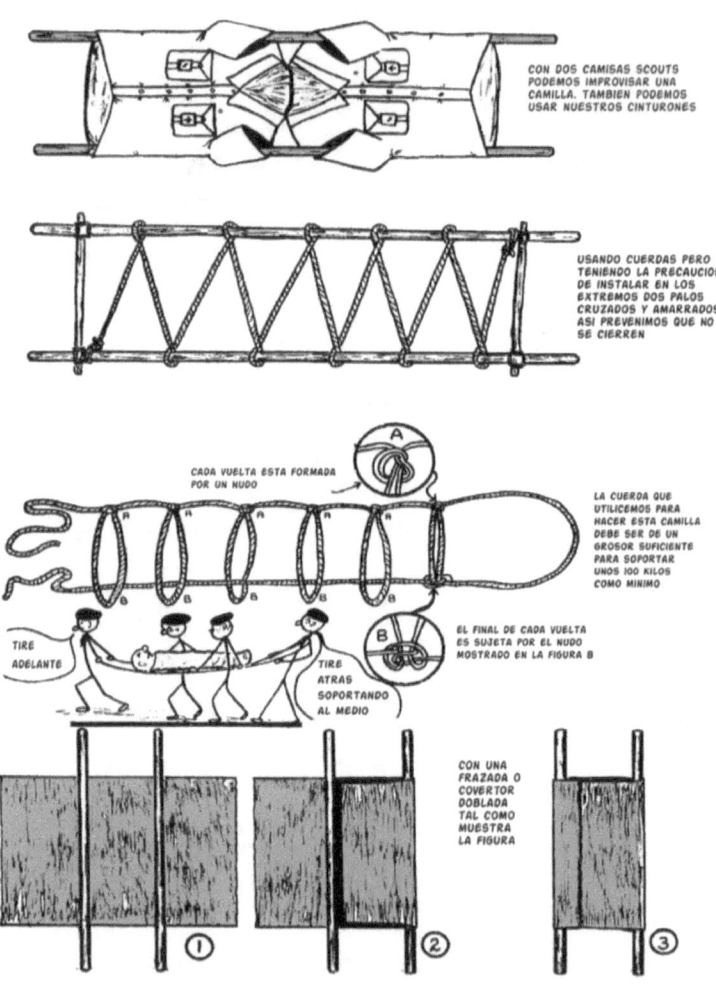

CON DOS CAMISAS SCOUTS PODEMOS IMPROVISAR UNA CAMILLA. TAMBIEN PODEMOS USAR NUESTROS CINTURONES

USANDO CUERDAS PERO TENIENDO LA PRECAUCION DE INSTALAR EN LOS EXTREMOS DOS PALOS CRUZADOS Y AMARRADOS ASI PREVENIMOS QUE NO SE CIERREN

CADA VUELTA ESTA FORMADA POR UN NUDO

LA CUERDA QUE UTILICEMOS PARA HACER ESTA CAMILLA DEBE SER DE UN GROSOR SUFICIENTE PARA SOPORTAR UNOS 100 KILOS COMO MINIMO

EL FINAL DE CADA VUELTA ES SUJETA POR EL NUDO MOSTRADO EN LA FIGURA B

TIRE ADELANTE

TIRE ATRAS SOPORTANDO AL MEDIO

CON UNA FRAZADA O COBERTOR DOBLADA TAL COMO MUESTRA LA FIGURA

BIBLIOGRAFÍA:

Nudos

Textos:

- ♣ Campismo Ilustrado; Brito Zaragoza, Enrique; Asociación de Scouts de México; Gráficos y Selecciones, SA; 1ª reimpresión;1997; 208 Pp.
- ♣ Nudos, Como hacerlo; Ed. Escultismo; México
- ♣ Seguridad en actividades verticales 2002-2004; Sánchez Ayala, Miguel.

Internet:

- http://es.wikipedia.org/wiki/Nudos_monta%C3%B1istas
- http://www.belladurmiente.com/foro/viewtopic.php?p=62 76&sid=fcdb59f0838008e5cb2d1177cd7e5422
- http://www.cuscatansingo.org/nudos2.htm
- http://www. indoorclimbing.com/es/Nudo_Ocho.html
- http://www.manualscout.cl/ficha-070.htm
- http://www.proteccioncivil.org/vademecum/vdm030.htm
- http://www.terra.es/personal/luisuxio
- http://www.terra.es/personal/luisuxio/empalme. html#_Hlk459716242
- http://www.terra.es/personal/luisuxio/lazada. htm#NUDOS%20DE%20LAZADA%20O
- http://www.vidaenlanaturaleza.8k.com/cabulleria.htm

Amarres, Tejidos y Construcciones

Textos:

- ♣ Amarres, Tips en Tarjetas; Gracia, Marcelino; México; 2003.
- ♣ Campismo Ilustrado; Brito Zaragoza, Enrique; Asociación de Scouts de México; Gráficos y Selecciones, SA; 1ª reimpresión;1997; 208 Pp.
- ♣ Tejidos, Manual Sub-comité de Campismo, Guías de México, A.C.

Internet:

- http://groups.msn.com/r4ma7cmb1qvq2hiuaaa11gf9o6/archivosscouts.msnw?action=get_message&mview=0&ID_Message=2201&LastModified=4675488385021594447
- http://www.geocities.com
- http://www.manualscout.cl/ficha-050.htm
- www.elrincondelartematero.com/campismo.htm
- http://www.siemprescout.org/amarres.html
- http://www.venaventours.com venaventours.com

Astucias

- http://www.siemprescout.org/astucia.html

Otros títulos de la colección BP

Excursionismo y Acampado
Equipo
Fuego y Cocina

Seguridad
Primeros Auxilios

Observación y Orientación
Comunicaciones